江苏特色博物馆揽胜

主编　南京图书馆

东南大学出版社
SOUTHEAST UNIVERSITY PRESS
·南京·

图书在版编目（CIP）数据

江苏特色博物馆揽胜 / 南京图书馆主编. —南京：东南大学出版社，2017.9
ISBN 978-7-5641-7413-2

Ⅰ. ①江… Ⅱ. ①南… Ⅲ. ①博物馆－介绍－江苏
Ⅳ. ①G269.275.3

中国版本图书馆CIP数据核字（2017）第213012号

书　　名：江苏特色博物馆揽胜
主　　编：南京图书馆
责任编辑：马　伟
装帧设计：余武莉

出版发行：东南大学出版社
社　　址：南京市四牌楼 2 号　　邮编：210096
网　　址：http://www.seupress.com
出 版 人：江建中

印　　刷：南京新世纪联盟印务有限公司
开　　本：850 mm×1168 mm　1/16　　印张：8.25　　字数：299 千
版 印 次：2017 年 9 月第 1 版　2017 年 9 月第 1 次印刷
书　　号：ISBN 978-7-5641-7413-2　　定价：158.00 元

经　　销：全国各地新华书店　　发行热线：025-83790519　83791830

鸣谢单位（排名不分先后）

南京云锦博物馆
无锡市文广新局
无锡中国民族工商业博物馆
无锡中国丝业博物馆
无锡中国民族音乐博物馆
无锡水仙道院
无锡惠山古镇管委会
无锡中国泥人博物馆
无锡惠山泥人厂
宜兴市文广新局
宜兴阳羡茶文化博物馆
宜兴阳羡茶文化生态园
宜兴中国紫砂博物馆
宜兴陶瓷博物馆
宜兴晨星陶瓷有限公司
宜兴千载青瓷艺术研究院
宜兴均陶研究所
苏州市文广新局
苏州桃花坞木刻年画博物馆
南通市文广新局
南通蓝印花布博物馆
南通纺织博物馆
南通风筝博物馆
南通板桥风筝艺术博物馆
南通中国审计博物馆
如皋丝毯艺术博物馆
连云港市港口管理局
连云港市文广新局
连云港港口集团有限公司
连云港港口历史博物馆
连云港连云老街管委会
淮安市文广新局
淮安市淮安区文广新局
淮安中国漕运博物馆
淮安中国淮扬菜文化博物馆
淮安翠和饭店管理有限公司
盐城市文广新局
盐城市图书馆
江苏淮剧博物馆
盐城市高等师范学校
盐城中国海盐博物馆
射阳县黄沙港镇镇政府
射阳盐场沙港工区
扬州市文广新局
扬州中国雕版印刷博物馆
扬州广陵刻印社
扬州中国剪纸博物馆
扬州中国淮扬菜博物馆
扬州市餐饮协会
扬州玉器厂
扬州玉器博物馆
扬派盆景博物馆
镇江市文广新局
江苏恒顺集团有限公司
镇江中国醋文化博物馆

编辑委员会

主　任：徐小跃

副主任：韩显红

委　员：许建业　全　勤　姚俊元　王　兵　钱　明

编写组

成　员：吴　政　高建强　李　浩　李　玮　王国平　张天颖　耿　建
单红彬　袁　斌　刘丽娜　沈　玥　李　洋　杨　萍　李　天
陆　瑶　陶梦云　徐春生

责任编辑：马　伟

装帧设计：余武莉　李风元

鸣谢单位（排名不分先后）

南京云锦博物馆
无锡市文广新局
无锡中国民族工商业博物馆
无锡中国丝业博物馆
无锡中国民族音乐博物馆
无锡水仙道院
无锡惠山古镇管委会
无锡中国泥人博物馆
无锡惠山泥人厂
宜兴市文广新局
宜兴阳羡茶文化博物馆
宜兴阳羡茶文化生态园
宜兴中国紫砂博物馆
宜兴陶瓷博物馆
宜兴晨星陶瓷有限公司
宜兴千载青瓷艺术研究院
宜兴均陶研究所
苏州市文广新局
苏州桃花坞木刻年画博物馆
南通市文广新局
南通蓝印花布博物馆
南通纺织博物馆
南通风筝博物馆
南通板桥风筝艺术博物馆
南通中国审计博物馆
如皋丝毯艺术博物馆
连云港市港口管理局
连云港市文广新局
连云港港口集团有限公司
连云港港口历史博物馆
连云港连云老街管委会
淮安市文广新局
淮安市淮安区文广新局
淮安中国漕运博物馆
淮安中国淮扬菜文化博物馆
淮安翠和饭店管理有限公司
盐城市文广新局
盐城市图书馆
江苏淮剧博物馆
盐城市高等师范学校
盐城中国海盐博物馆
射阳县黄沙港镇镇政府
射阳盐场沙港工区
扬州市文广新局
扬州中国雕版印刷博物馆
扬州广陵刻印社
扬州中国剪纸博物馆
扬州中国淮扬菜博物馆
扬州市餐饮协会
扬州玉器厂
扬州玉器博物馆
扬派盆景博物馆
镇江市文广新局
江苏恒顺集团有限公司
镇江中国醋文化博物馆

序言

文博踏屐　行歌四季

春天的风，夏夜的雨，秋日的果香，冬月的白雪。

一年中有二十四节气，每个节气都是宇宙气象的宠儿，正是因了这样变换有时的循环，我们才有了生命的力量和生活的闲趣。这套《江苏特色博物馆揽胜》系列专题片收录了 23 座独具个性的博物馆，它们正如一年中的节气，风花雪月，盛衰枯荣，却又阴阳相生，守中抱一。在此姑且添一笔前言，凑齐 24 篇章，寓意天地与人文的和谐统一。

江苏是文化强省，也是博物馆大省，目前拥有各级各类博物馆、纪念馆 180 家，等于说每 20 万江苏人就拥有一座博物馆，这些博物馆从北到南贯穿起江苏的楚汉、唐宋、六朝和吴地等多文化形态，演绎出江苏千年积淀在现代的复活。一直以来，磅礴奇伟、包罗万象的大型公立博物馆被媒体喜闻乐道，也是公众最熟知的博物馆类型。而众多散落在民间的专题博物馆、私人博物馆却待字闺中，等人问津。幸好近年来在各地政府的支持下，这类特色博物馆部分实现了免费开放，文化界的视野也日益聚焦在这些卓尔不群的博物馆身上。

博览、构思、亲历、记录、整理、编撰，是我们行走于博物馆的方式。这场江苏文化的瑰丽奇妙之旅力求采撷到每个博物馆的动人故事，为它们在新时期的生存和探索做最真切的描摹速写。《江苏特色博物馆揽胜》系列专题片作为文化部的一项课题，起初我们只是以完成任务来看待，但是当我们拿到拍摄目录时，顿感新鲜，没想到江苏大地上竟有这样五花八门的博物馆，大到漕运、港口这种恢弘概念，小到醋和茶如此家常小物，都能成为博物馆的主题，我们的猎奇心和创作欲望油然而生。

兴致盎然，艰辛也随行。说到不易，首当其冲的是定位上的尴尬，统揽这 23 座博物馆，大概可以分为三类：一是手工技艺类，比如无锡泥人博物馆、南京云锦博物馆；二是宏观历史类，比如淮安中国漕运博物馆、连云港港口历史博物馆；三是舞台表演类，比如盐城江苏淮剧博物馆。其实，无论哪一类都是被主流媒体拍摄过的题材，网上大同小异的片源良莠不齐。我们如何才能独秀一枝呢？首先，作为南京图书馆的作品，在文字上的考证要比同类题材更加翔实可靠，在浩瀚的史料典籍中寻踪各个博物馆的蛛丝马迹，这是百年老馆，万卷藏书给创作者得天独厚的优势。其次，发挥地利，立足江苏地方特色文化，不求大而博但要精而深。最后，扬长避短，由于经费有限，炫酷特技鞭长莫及，那在画质、构图上力求见素抱朴，匠心独运。

怀揣着这样的拍摄理念，我们在 2014 年立春开机，本想江苏人拍摄家乡文化会是游刃有余，难料困难依然不可小觑。印象最深的一次拍摄体验是在苏州桃花坞木刻年画博物馆，当时正值芒种季节，我们一行人浩浩荡荡地拖着器材设备来到年画博物馆门口，只见一位素衣布裙的姑娘迎接而来，她低眉细语道："我是联络人杜洋，是桃花坞年画传习人，现在我们馆的现实情况就是这样，新馆还没建成，老馆常年关闭，你们估计白跑一趟了。"寥寥几句犹如连绵梅雨中的滚滚闷雷，本已湿热的身心又添了几口蚊虫疼痒。"我们不是事先联系好的吗，讲好可以拍摄的。"带队的编导有些抱怨。杜洋解释说："现在依然欢迎拍摄，只是真的没什么值得拍的东西了。"一番参观后，我们深感杜洋所言不虚，博物馆门栏沧桑破旧，连贴在上面的神荼郁垒像也残败不堪，久不见天日的展厅在雨天里更显隐晦，代表展品"一团和气"灰灰蒙蒙，楼下传习人工作室有一半空间被年画套版占据，创作区显得狭小拥挤。杜洋介绍说，手工年画成本高，早就过时，她们只能靠政府不宽裕的资助来坚守这门手艺，本来馆里有五六个传习人，由于收入问题，很多同事都放弃了几十年的手艺，另谋高就，现在只剩她和乔兰蓉两人，她们是真心爱惜年画的人。爱惜，此时此刻无人不是如此，为了传统工艺，为了坚守的人，为了记录者的使命，年画博物馆不能放弃。既然馆舍现状不尽如人意，我们何必花下晒裤煞了风景，屋檐下的匠心才是这座博物馆的精气神。于是，我们选取了聆听的方式，大篇幅地展现老中青三代传承人和传习人的技艺风采，请他们说出自己的故事。专题片毕竟是视觉主导的艺术，为了充实画面美感，我们甚至驱车数日，寻遍苏州各处古村落，只为拍到沾着烟火饭香的好年画。记得返程那日，我们恰好路过太湖，总编导忙喊停车开机，万万不可辜负了这不期而遇的好景致，只见监视器中远方的小帆若隐若现，丛丛芦苇荡拍打着水岸，潮湿的风从面颊拂过，带走了些许途中的劳累。突然听到，总编铿锵一声："快哉！"一切的一切都得到了慰藉。

任何创作都是痛并快乐着，但快乐一定是主色调。2015 年立秋，《江苏特色博物馆揽胜》系列专题片大功告成，它就像是经过"撰稿、采访、拍摄、剪辑、包装"洗礼后，跃然于枝头的果实，赏心悦目、清馥甘润。说到这，还真有几座风味绝佳的博物馆值得一提，镇江中国醋文化博物馆那叫一个酸味冲天，香醋老坛里藏着谷物酿造的小秘密，在寒露为霜之时，菊黄蟹肥，等着饕客前来蘸碟品味；宜兴阳羡茶文化博物馆则是清谈酌饮的佳处，背山面水，坐拥万亩茶园，我们的航拍摄影可谓大展身手，将层峦叠翠、浓淡阡陌尽收眼底。编导们更是玩趣横生，或是扮起采茶女，穿梭茶田间，或是登高寻山茶，云寺悟禅道。清明后谷雨前的阳羡茶最香，在不远处的中国宜兴陶瓷博物馆里觅一把紫砂老壶，晴窗细乳戏分茶，清冽、浓酽留香齿颊。舌尖和镜头的快感带领我们继续尝鲜——有盐即鲜。盐城中国海盐博物馆拍摄于大暑节气，适宜吃瓜赏荷，听蝉风眠的日头里，我们却奔波在烈日灼身的滩涂晒盐场上，高浓度的海水蒸发结晶，舔舔嘴角咸滋滋，看看镜头明晃晃，也许一座博物馆的诞生也和晒海为盐一样，在浩瀚中一瓢瓢地舀起，一层层地提炼，一日日地浓缩，最后凝固留存于人来人往的世间。

南京图书馆徐小跃馆长从儒之“极高明而道中庸”，道之“虽在庙堂之上，然心无异于山林之中也”，佛之“既在红尘浪里，又在孤峰顶上”的论述中概括出“以出世的心做入世的事”来，这一处世之道点悟当下文化工作者开启豁达智慧，拥有洒脱心态。诚然，那些用心用情在做博物馆的人给我们呈现的正是这种境界，如皋的李玉坤先生犹如大寒时节的一缕旭阳，他凭一己之力拯救下几近失传的丝毯技艺，在老城门的涵洞里开起一座低调奢华的丝毯艺术博物馆，可谓是有胆有识，德艺双馨；南通的吴元新一家犹如惊蛰后绽放的桃李，将蓝印花布工艺和蓝印花布博物馆世代相传下去；还有扎根在无锡的捏泥匠人，在扬州执刀不倦的雕版师傅和剪纸艺人，刀俎灶前烹调淮扬美味的掌勺大厨，唱响了苏北大地的淮剧名伶，在海上新丝路不辞辛劳的连云港口人……每座博物馆都是灵与肉结合的存在，都有着一些不可言传的妙义，在这里就不一一累述，还待读者细细体会。

最后，感谢全力配合拍摄的博物馆同仁和民间艺人，感谢各位奉献精彩访谈的学者专家，感谢所有支持这份工作的单位和领导，还感谢默默无闻、虚心成长的我们。

本书基于《江苏特色博物馆揽胜》系列专题片的解说词整理成册，书后特附专题片光盘随阅伴读，献给读者多感官阅读体验。

权以为序。

刘丽娜

写于 2017 年夏至

目 录

CONTENTS

南京云锦博物馆

南京云锦，诞生于南京，发展于南京，辉煌于南京。南京云锦得紫金山之灵气，气势灿若云霞；享秦淮河水之滋润，色彩绚丽多姿，距今已有 1590 多年的历史。

古代“锦”代表最高技术的织物，南京云锦集历代织锦工艺之大成，居古代三大名锦之首，在元、明、清三朝为皇家御用供品。尤其以“妆金、妆彩、妆孔雀羽”为特色的皇家用品，南京云锦以它特殊的浮雕、镶嵌的立体效果所表达的审美境界和文化艺术魅力，反映出中华民族特有的丰富的文化内涵，体现了现代科技与古代美学的交融。

南京云锦博物馆是南京“新金陵 48 景”之一，前身是南京云锦研究所早年建立的中国织锦工艺陈列馆。中华人民共和国成立后，周恩来总理亲自指示：“一定要南京的同志把云锦工艺继承下来，发扬光大。”1957 年，经江苏省政府批准建立了“南京市云锦研究所”，成为示范基地，承担着南京云锦开发研究、保护传承的工作。2004 年 7 月 21 日，南京云锦博物馆正式成立。

花团锦簇的四层大楼，真实地再现了南京云锦生产的历史源流和重要工艺，展示了千姿百态的南京云锦产品。

目前，这里是国家文物局定点的古代丝绸文物复制研究试验基地，原国家轻工部批准建立的中国织锦工艺研究生产试验中心。南京云锦博物馆展示了自战国以来云锦生产的发展史，是南京市旅游局定点单位，对国内外开放。主要产品有云锦锦缎、云锦领带、云锦挂轴和以云锦及民族织锦为面料的旅游纪念品等。

云锦的产生和发展与经济中心的南迁有着密切的关系。元、明、清三朝，先后在南京设立了“以官领之，以授匠作”的官立织造机构。官营织造的优越条件和作为御用贡物的特殊要求，使云锦不断地创新突破，精益求精，在技艺上获得长足的发展，把中国古代丝织工艺技术推上了顶峰。

进入展馆，眼前看到的四个象形文字分别念作“蚕、桑、丝、帛”，非常形象地记载了古代劳动人民养蚕、种桑、缫丝、织锦的过程。在我国，种桑养蚕的历史已有 6900 多年。汉代以后，中国丝绸开始源源不断地输往西方。唐宋时，丝织提花技术已从经锦逐渐转换到纬锦。到了元、明、清三代，我国的丝织生产已普及全国。

解说员向我们介绍了养蚕制丝的过程：一般用桑叶喂养家蚕，蚕成熟以后就要在稻草里面结茧。在完成了蚕茧之后，要把蚕茧放在热水里面去煮，这就是一个缫丝的过程。每一个蚕茧抽出来的是一根蚕丝线，它的长度是 800 ~ 1000 米。还有一些用于染色的天然植物染料，这些染料里面有些还是中草药。这些染料对人的皮肤没有任何伤害，同时也不会污染环境。

江浙地区因其丰富的桑蚕资源、发达的文化经济、便利的水陆交通以及卓越的能工巧匠而逐渐成长为全国丝织业的中心，并以织造高级锦缎而著名。南京云锦便是在这样的历史背景下应运而生的。

织造如此美丽的锦缎，最重要的工具便是织机。丝织提花机从三国曹魏初年马钧进行改革后，经过唐、宋几代的改进提高，逐渐完善和定型。宋代《耕织图》上就绘有一部大型提花机，据目前史料来看，这是世界上最早的，也是结构最完整的提花机。

云锦织造，所采用的传统大花楼木织机，长 5.6 米，宽 1.4 米，高 4 米，由 1924 个部件组成，分为五大部分，极为精细、灵巧，需要两个工人相互配合，缺一不可。坐在上面的这位织手叫拽花工，拽花工主要是控制图案部分，而坐在下面的织手，主要是控制颜色。坐在上面的拽花工是控制竖着的经线，坐在下面的织手织横着的纬线。如此一天下来也只能织出五六厘米长的云锦，南京云锦“寸锦寸金”的价值也由此显现出来。

在悠久的历史发展过程中，南京云锦形成了许多品种。根据现在已掌握的资料来看，主要分为“库缎”“织金”“织锦”“妆花”四个大类。

“库缎”又名“花缎”，或者“摹本缎”，它原是清代御用“贡品”，以织成后输入内务府的“缎匹库”而得名。生产时，根据成件衣料所需的长度，把它织成段料。还有一种是按衣服固定的样式，把花纹设计安排在衣服穿着时显眼的几个主要部位，织成款式完整的成件衣料；制作时，只要按式剪裁，即可缝制成衣，花纹的布列非常妥适而恰当。库缎多做衣料，民间作坊通常叫它为“袍料”。

制作龙袍的面料，叫做龙袍织成料，过去制作龙袍需量体织衣，将龙袍的各个部分全部织在一个缎面上面，一气呵成。接头将缎面上有图案的地方裁剪下来，然后缝制在一起，就是一件完整的龙袍了。这样不仅节省面料，同时也体现了织手织造工艺的精湛，因为每个面料配合在一起给人以天衣无缝的感觉。由于皇帝又是天子，所以制作龙袍的这个方法也是成语“天衣无缝”的来源。

“织金”，即织料上的花纹全部由金线织出，所用金线，是用黄金捶成极薄的金箔，搓捻在线芯上制作而成；或将金箔裱糊在皮纸上，再缕切成极窄的细条作成。前者搓捻而成的叫做金线；后者裱切而成的，叫做片金。

大家看到的这两件云锦，是近年来用金的典型面料。这件面料上面织的图案，是双鸾朵梅，鸾即凤的意思。双鸾，一雄一雌，寓意夫妻伉俪和谐。旁边织了梅花花朵的图案作为点缀，梅花也是南京的市花。另一件是夔龙锦的图案，用纯金线一排织了八个相同的图案，那个叫夔龙，也是龙的一种，全部是采用真金线织就的，当时设计为一排升龙一排降龙，给人错落有致的感觉。

这种高超的设计手法，使得价值贵重的真金线，在织料的正面得到了有效的充分利用，达到了最大限度的显金效果。

“织锦”的品种有：“二色金库锦”“彩花库锦”“抹梭妆花”“抹梭金宝地”“芙蓉妆”等，具体用途是作服饰和实用物的缘边装饰，如镶滚衣边、帽边、垫边、囊袋、锦匣、枕垫、装帧。

“妆花”是云锦中织造工艺最复杂的品种，也是最有南京地方特色的具有代表性的提花丝织品种。这项技艺至今不能为机器所替代，是我国传统文化遗产中的“活化石”，堪称中华民族乃至全人类的文化瑰宝。

这是一件童子攀枝妆花缎，它的图案是非常传统、非常吉祥的纹样。童子手持莲花作攀登的状态，寓意节节升高、飞黄腾达之意。这件妆花缎体现了云锦逐花异色的特点。所谓的逐花异色，就是一排的四个童子，他们的肚兜和裤子颜色搭配是没有重复的，这就必须依靠坐在下面的织手，根据配色口诀，灵活地运用它的颜色搭配，才能形成这样丰富多彩的效果。如果我们用电机来生产，则是一把电梭走过去，不仅图案是一样的，颜色也是一样的。这种全手工制作工艺，我们称为“通经断纬的技术”。

妆花的织造工艺极为复杂。首先要根据织物的尺寸规格和经纬密度的比例，用经纬线将纸上设计的纹样花色编结为“花本”，称“挑花结本”。通常机上织一寸匹料，花本就达一尺多长。一件重一斤的匹料，所用的编花本往往重数十斤，可见挑花结本之繁难复杂。

眼前的这副“挑花结本”，对我们而言，无异“天书”。南京云锦研究所设计师郭俊老师为我们解开了其中的奥秘：挑花就是把各种各样的颜色分门别类地区分开来，我们看到这个颜色是代表黑颜色的，那么黑颜色在整个纹样所在的部位就全部都显现出来了。每一个签子所代表的颜色都是不一样的，这一共用了十几种颜色，然后不断循环来做这件事情，把色彩所在的部位全部挑出来，挑出来摆在这根签子的上方，上方我们称之为“浮”，没有起来的部位就是“沉”。一种颜色找到以后，我们把这个签子带过去，挂在这里准备的叫做“耳子线”的横向线，把这个钩子所在的部位挂在耳子线上，我们称这个横向的竹竿叫挑花钩子。挂上去然后这么一拉，所有的信息就全部地记录在经向的位置了。什么部位该起来，什么部位不该起来就都有了。这个是紫颜色的，在织造的过程当中一旦拎起这根颜色，那么底下织造的师傅就知道这个部位应该用什么颜色来织。然后按照这个程序一步一步地做下去，整个花纹就出现了。这里我们每打一个结，就对应我们图纸上的一小格，将近一厘米左右的一小格，所有的内容全部被记在这里。为什么打一个结？就是防止在其他的某一个环节出差错，这样做完一部分把这一节系起来，那么下面织造的人就很方便了。

妆花工艺的用色极为丰富。提花织物的纹饰与匹料同步织成，工艺难度大，而用色却多至二三十种，配色非常自由，没有任何限制。这在我国丝织物中是极为罕见的。主题花纹要用多层次色彩表现，用色虽多，却均能处理，繁而不乱，统一和谐，获得华美典丽的艺术效果。

上机织造，工艺同样复杂。它是将花本悬挂于织机的“花楼”上，楼上坐一提花艺人，按花本所编程序，依次提线，带动机上经线升起，形成花纬开口，坐于机下的织造艺人再用绕有各种色线的纬管，一点点的挖纬妆彩织花，织入一纬，数十个绕色线的小纬管均须穿织一遍，一天织不过百梭，长不足两寸。配色之复杂，要求之高，超出常人想象。精致的织品，往往要数年才能完成一件，因此有“寸金换妆花”之说。

这是秦汉时期流行的一种轻柔透亮的丝织物，常用作夏服和衬衣面料，叫做素纱。它是一种单色、纤细、舒稀、方孔、轻盈的平纹织物。这件素纱单衣，原件出土于湖南长沙马王堆一号汉墓，整件衣服的最大特点就是轻、薄、透。这件衣服的重量仅有 49 克，可以将整件衣服团在手心当中，相当于一个鸡蛋般的大小。将这个面料折叠十层平铺在报纸上面，仍然可以非常清晰地阅读到报纸的文字，可谓轻纱薄如空。

这件金光闪闪、威风凛凛的战袍，是根据当年北洋水师提督丁汝昌参加隆重场合的礼仪性盛装盔甲复制的。狮头表示二品武官身份，鱼尾代表水师兵种。战袍上钉了 2000 颗纯金铆钉，再加缕金护肩甲，银饰盔头，重达几十千克。这件战袍由 92% 的真金线织成，可见当时的云锦织造工艺相当成熟，并具有相当的规模。

说到云锦，那就不得不提到龙袍，眼前的这件龙袍是 2009 年为十三陵的定陵博物馆复制的，名为“织金寿字龙云肩通袖栏妆花缎衬褶袍”。

这件织金衬褶袍用纯金线织了 1045 个捻金“寿”字，再配上仙鹤和灵芝纹样的暗纹，寓意鹤寿延年、鹤寿同春。袍子的下方很像现代女性穿着的百褶裙，我们猜想，这样的设计可能是为了方便皇帝骑马打猎。

织金衬褶袍用色较少，极为内敛，地花设色协调，具有鲜明的手工织造特点，大量运用了片金线和捻金线，达到富丽堂皇的艺术特点。袍料整体配色以红、蓝、绿、黄、白等正色为主，鲜艳明快，对比强烈。纹样主次分明，布局匀称协调，设色精妙、织造细腻、自然工整，具有极高的织锦工艺水平，同时巧妙运用了同类色的深浅晕色技法和大量使用捻金线与片金线，使整体色彩金光灿灿、富丽辉煌，具有典型的明代宫廷特色。

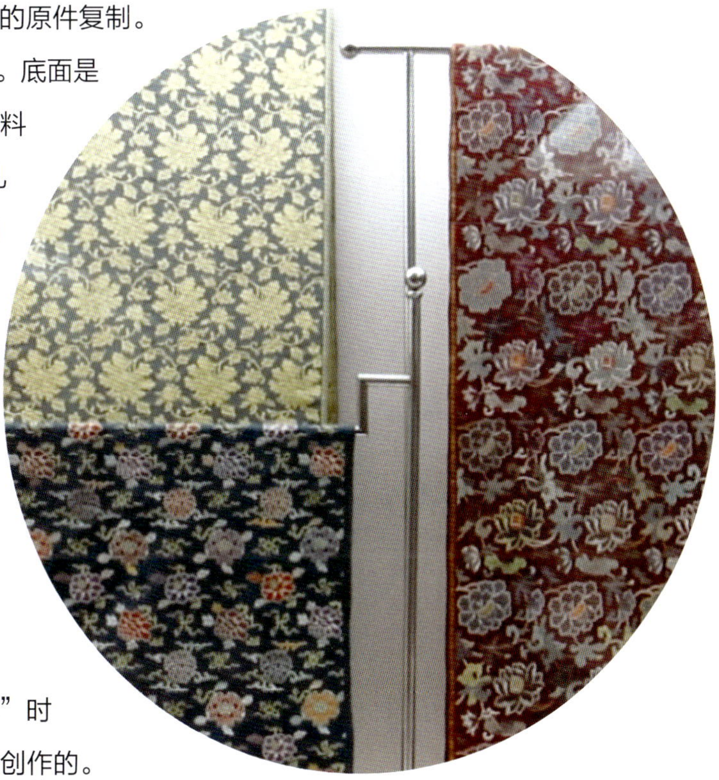

这是一件镇馆之宝，根据北京十三陵定陵出土的原件复制。袍料长 17 米，宽 68 厘米，但是重量仅为 900 克。底面是很薄的透明纱罗地，上面织有四合云暗纹。这件面料体现了云锦三妆的特点，也就是妆金、妆彩 、状孔雀羽。妆金是指用大量的金线勾边装饰，妆彩是用大量的彩绒线织出明纹，妆孔雀羽指的是在龙袍领口部位采用了孔雀羽毛，这些孔雀羽毛是在雄性孔雀脱毛时期采集它的艳丽绒毛，经过一定的防腐处理以后，把它们捻成线再织进去的。如果边走边欣赏这件袍料，会有行云流水一般的感觉。站在不同的角度去看，孔雀羽毛会折射出不同的光彩。这件复制品前后花了五年时间完成，于 1984 年获得工艺美术百花金杯奖。

这两幅作品是云锦老艺人朱枫老师，在“文革”时期创作的。这一幅是根据毛泽东主席的蝶恋花原稿创作的。朱老师不仅把毛主席的字体织出来，同时上面涂改的地方也一并织出来，表示对毛主席作品的一种尊重。这是一件牛郎织女图，牛郎织女的爱情故事家喻户晓，但是大家可能不知道他们每年七月初七相会的那一天，又叫乞巧节。乞巧节这一天，云锦艺人都要拜祭云锦娘娘，以求心灵手巧，来年织出精美的云锦图案。

南京云锦，始于六朝，盛于明清时期。明、清两代，都在南京设织造署，织造宫廷所需的丝织品。有专家考证，康熙五十四年（1715），红楼梦的作者曹雪芹，就诞生在江宁织造府内。在曹雪芹笔下的大观园里，主角们的服饰大都华丽异常，四十九回众小姐在稻香村聚会议诗社时的服饰更是华丽之至，黛玉外面穿“一件大红羽绉面白狐狸皮的鹤氅”，湘云是“大红猩猩毡昭君套”，迎春、探春、惜春三姐妹是“一色大红猩猩毡与羽毛缎斗篷”。作者曹雪芹因生于云锦织造世家，从小耳濡目染，才能够在书中这样精确地描述云锦。

南京云锦图案丰富多彩，花形硕大，构图大气，线条圆润，造型优美，寓意吉祥，设色浓艳大胆，对比强烈，逐花异色，色韵过渡，配色自由而又规范，尤其是以大面积显金、金线包边等用金手法为特色而格外引人注目，因此享有“东方瑰宝，江南一绝”的美誉。

云锦，古老而年轻。南京云锦博物馆，承载着数千年织锦文化的积淀，讲述着南京云锦变迁的历程。雍容华贵的南京云锦，以其源远流长的历史、精妙绝伦的工艺、丰厚深邃的内涵以及顽强旺盛的生命力，吸引了中外人士越来越多的关注，成为了新的国际文化和时尚热点。

无锡中国民族工商业博物馆

无锡古运河和梁溪河的交汇处，有这样一座半旧不新的建筑，红砖的新墙，上下开合的铁窗，从内伸出的大大小小的排污通道，还有两组锈迹斑斑的螺旋形转梯，像是藤蔓一样，紧紧地生长在外墙上。毫无疑问，这是一处翻新过的老厂房。大概 120 年前，在它还有机器轰鸣的时候，这里叫做茂新面粉厂，是中国近代民族工商业的一块金字招牌。今天，厂虽废而未被弃，这里建成为无锡中国民族工商业博物馆，是见证那段工商风云的活化石。

2006 年无锡中国民族工商业博物馆对外开放，它是一座名副其实的国字号博物馆，占地面积 12000 多平方米，一共分为 4 个展区，分别是中国民族工商业发展史展区，麦仓及老机器设备展区，老办公楼展区，以及民国老字号一条街。无论是保存完好的建筑外观，还是沉睡的老机器，这座博物馆的每个角落都留下了中华儿女实业救国的印记。

中国民族工商业从起步到现在已经有 150 年的历程。太平天国之后，清政府发起洋务运动，虽然当时是官办的，但是客观上为西方技术的引进，新的生产组织方式的引进，起到了推动作用。无锡也有一些人参与在洋务运动中间，并且为无锡成为民族工商业的起飞之地起了重要的作用。

士农工商四民者，国之石民也。虽然工和商同被认为是国民经济的支柱，但是一直被排在末位，重农抑商是中国古代社会的特点。直到 1840 年，一场鸦片战争，打破了封建政府天朝大国的美梦，帝国主义列强的侵略步伐就像暴风骤雨，紧密而有力地打了下来。伴随着窒息的打压，中国也涌现了一批求新图变的有识

无锡中国民族工商业博

之士，以林则徐、魏源、薛福成等人为代表的开明官绅，他们主张“师夷之长技以制夷”，进而依据国情提出了发展近代工商业的主张。

庭院深深深几许，坐落在无锡健康路西侧的薛福成故居，被誉为“江南第一豪宅”，园内建筑规模宏大，气势雄伟。花厅戏台、转楼天井，古趣而灵动，黄石堆山，竹林水榭，精致又风雅。巧夺天工的匾额对联彰显出主人为人处世的理念。清末，这位无锡籍的政治家，曾任中国驻英、法、德、意四国公使，一生致力于经世实学，推动洋务，他的伟大抱负最终在薛家后辈的努力下得以实现，薛氏家族成为中国近代民族工商业发展中的名门望族。

薛福成活跃的 19 世纪 60 到 90 年代，正是以“自强求富”为旗号的洋务运动时期，也是中国民族工商业发轫的 30 年。洋务派引进西洋武装、机器和科学技术，在上海、天津等地开放口岸，兴办了一批军事工业和少量民用工业。上海成为中国最大的工商业城市，1866 年出现了中国第一家民族资本企业——发昌号机器厂。随即，第一家缫丝厂、第一家纺织厂、第一家面粉厂、第一家百货公司等相继创设。无锡作为上海的毗邻，在这 30 年里也积累下了雄厚的财力和人脉，为民族工商业的奋力起飞，蓄势待发。

无锡是中国民族工商业的发祥地之一，它起步比较早，发展比较迅速 。无锡有着得天独厚的发展沃土，一方面无锡靠近上海，便于人员和信息的传递，也便于货物的运输。第二就是无锡诞生了徐寿、华蘅芳这样的一批科技专家，他们被称为是近代科技的先驱。第三是无锡有一批早年到上海去当学徒的工人，他们已经羽翼丰满，逐步地自己经商，有的当上了买办。比如周舜卿、祝大椿，这些人在上海都是名列前茅的买办，他们的经营经验、市场经营理念对无锡的后起创业者起到示范作用。

这是一艘“黄鹄”号轮船模型。1865 年，无锡人徐寿、华蘅芳经过精心研究，制造而成，揭开了中国近代船舶工业发展的帷幕。然而，无论怎样的坚船利炮也无法挽救腐朽枯槁的封建制度，1894 年甲午战争的惨败，将中国完全推向半殖民地半封建社会，也宣告了洋务运动的失败，中国民族工商业试图走的官商督办道路是行不通的。

新事物的生命力总是惊人地旺盛，先天不足的中国民族工商业在跌跌撞撞中竟然也出现了新光景。1895 年到 1925 年，是中国民族工商业全面爆发的时期，众多有识之士在国耻家仇面前觉醒，他们纷纷集结力量，创办起属于国人自己的工厂，将实业救国的理想变成现实。

江苏的民族工业起步于 1895 年，也就是中国民族工商业的黄金时期。在辛亥革命和第一次世界大战的影响下，西方帝国主义大国无暇东顾，减少了对中国产品的倾销，中国还可以有一部分产品出口到国外去。这个时期江苏工业以三个纺织厂为标志，无锡的业勤纱厂、苏州的苏纶纱厂、南通的大生纱厂。轰隆隆的机器，忙碌的劳工，流动的资金，喧嚣的市集，第一次如此热闹地出现在这片古老的土地上。

南通，江海之滨，清末走出了一位状元，张謇。但这位状元却无意做官，他确信实业能够拯救国家。他把这种理念在南通付诸实施，以实业立城，创办了一批以大生纱厂为代表的民族企业，建立了一系列现代化的公共服务机构，南通在他的经营下，日益蓬勃，被誉为“中国近代第一城”。

苏南无锡，惠山古镇，位于锡山和惠山东北坡麓，京杭大运河从北流经，从风水上讲，这里是无锡负阴抱阳、依山傍水的风水宝地。因此，自唐以来，许多名门望族选择在此修建祠堂，如今古镇保留下的就有 120 多处， 其中不乏像范仲淹、周敦颐、李鸿章等显赫一时的人物。沿河而建的这座古朴小院，叫潜庐，是无锡进士杨宗濂的祠堂，与它隔水遥望的是一座中西合璧的小楼，名曰杨藕芳祠，是其弟杨宗翰的祠堂所在。其实，在张謇主导南通现代化进程之初，杨氏兄弟已经在无锡率先开办了江苏的第一家现代化工厂。1896 年冬季的一天，一种从未有过的轰鸣声，打破了无锡的宁静。杨氏兄弟将业勤纱厂的厂牌，醒目地挂在无锡东门外的兴隆桥上。那时，第一次听到机器轰鸣声的无锡人，应该隐约感到，一个全新的时代，真的已经开始了。

无锡工商业发展比较明显的一个特征是，中小商人创业为主体，民营经济为主体。虽然是人自为战，各自发展，但是在发展中间又自然地形成了三大支柱产业，那就是棉纺织、缫丝和粮食加工。在这个基础上，无锡形成了六大产业资本集团，开始向其他省市扩张，后期还向香港、南洋发展，形成了开放进取的格局。谁能想到，一座名不见经传的小城，在短短几十年里奠定了无锡在中国近代历史举足轻重的地位。以杨宗濂、杨宗翰为主导的杨氏集团，以周舜卿为主导的周氏集团，以荣宗敬、荣德生兄弟为主导的荣氏集团，以薛南溟、薛寿萱父子为主导的薛氏集团，以唐保谦、蔡缄三为主导的唐蔡集团，以唐骧庭、程敬堂为主导的唐程集团，他们在各自的产业中力拔头筹，开拓创新，无锡籍的“面粉大王”“棉纱大王”“纺织大王”“丝茧大王”美誉全国，无锡籍的商标商品更是家喻户晓。1930 年代中期，在全国的六个主要的工业城市排位里面，无锡的工厂数、工人数、资本数和产值数，均名列前茅，无锡也被称为小上海。

无锡近代群星闪耀，荣宗敬、荣德生兄弟可称得上是最耀眼的“双子星座”。至 1922 年，荣家已拥有面粉厂 12 家。至 1931 年，拥有纺织厂 9 家。这第一家族的名号非荣氏莫属。

创业不易，守业更难，荣家如此显赫的业绩背后，是一条中国商人用血泪打拼出的坎坷之路。

梅园，位于无锡西郊，是荣氏兄弟在 20 世纪初，以“为天下布芳香”的宗旨而建。此园遥临太湖烟波，背倚龙山翠屏，近山远水，虚实相映。园内有一处荣德生的私人别墅，与其号“乐农”同名，乐农别墅的门前，有 3 张造型奇特的石桌，桌面均为保兴面粉厂用过的法国石磨。如此的用意，荣德生自己描述道：“念创业维艰，遂置石磨与梅园浒山南麓，并昭示敬业精神。”

荣巷是荣氏一族在无锡的世代居所，明代初年，荣氏始祖荣清迁来无锡，定居于梁溪河下游北岸，督率子孙辟草荒、建家宅，逐渐使之成为田地平畴，屋舍俨然，阡陌交通的安身立命之所。1896 年，当业勤纱厂开起了无锡人眼界之时，家住荣巷的荣熙泰，看准了钱庄蕴含的巨大商机，决定支持两个儿子——荣宗敬、荣德生，到经济更繁荣的上海开一家钱庄。同年 2 月，兄弟俩来到上海，与别人合伙开办了广生钱庄，这被他们兄弟看做是自己事业的开端。1900 年，八国联军入侵华北，北方发生粮荒，荣德生途经香港，看到码头上的工人正在装运进口的面粉。他突然有了一个很强烈的念头，那就是自己创办面粉厂，夺回被洋商抢占的面粉市场。

如果说，市场需求犹如天时，兄弟两人亲密无间的合作就是人和，那么，地利就是无锡本已有的米市了。光绪年间，从老北门到三里桥段，1000 米长的地方竟有大小粮行 80 多家，是当时最繁华的地段。

不久，荣氏兄弟买下了如今民族工商业博物馆的这块地皮，作为新厂的厂址。设备则是托洋行代买的 4 台法国石磨，以及英国生产的配套机器。厂名最初叫做“保兴面粉厂”，1901 年开始破土，没承想，厂子还没建成就遇到了夭折的危机。保兴面粉厂创办的时候，遭到了当地士绅的反对。厂子在那里树立一个烟囱，正好对着前面学宫的门，这样就会冲了无锡的文气，会影响考科举，于是大家就联名反对。面对强大的旧势力，荣氏兄弟最后只得委曲求全，打通与官府的关系，办理交际，才获得两江总督的建厂批准。1902 年 3 月，保兴面粉厂终于建成投产。然而，接下来该如何经营的难题，又不可回避地摆在了荣氏兄弟面前。当时，国内已有 4 家自办的机器面粉厂，保兴是规模最小的一家。由于势单力孤，加之当时社会上存在着机器生产的面粉不如土粉的误解，致使荣氏兄弟生产出来的面粉，在市场上大受冷遇，资金链也出现断裂。后来他们找到富商祝大椿进行股权重组，面粉厂才得以残喘，厂名也因此改为“茂新机器面粉厂”。但这一切并未改变销售方面的惨淡境况。几经辗转，荣氏兄弟又找来了在营销方面口碑甚好的无锡同乡——王尧臣、王禹卿兄弟。王氏兄弟努力干练，上任不满一月，就将库存面粉销售一空，荣氏兄弟这才稍稍松了一口气。

为了提高面粉质量，荣氏兄弟不收潮麦、坏麦，生产的“兵船”牌面粉，不仅质量优良，而且包装美观。之后，荣氏兄弟又从英国率先购进钢磨，工厂的生产能力进一步提升。茂新厂的面粉产量，也因此增至每天 800 包。与此同时，荣氏联合王氏兄弟积极在上海、汉口等地开办新厂，新厂统一名为“福新”，按照办厂顺序依次叫福新一厂、福新二厂等，产品与茂新一脉相承，采用“兵船”商标。往后的几十年里，“兵船”标志的面粉成了中国居民家中的常客。

时至今日，民族工商业博物馆的二到四层完整地保留了当年制粉的设备。小麦初步清理后，存放进毛麦仓。整个仓库共计 36 只仓位，每只仓位可储存毛麦 4 万余千克，总储存量近 200 万千克。生产面粉时，根据面粉等级进行二次清理，加适量水进行浸湿。接下来，先后通过三次研磨、筛理，产生出面粉、麸皮及下脚面粉。据统计，博物馆保存的这座麦仓原件在全国仅此一件，再也找不到同类型的机器。

荣氏兄弟诚实守信，头脑也灵活开放。1907 年，他们的工业王国开始从吃扩展到穿上。无锡振新纱厂是兄弟俩进军棉纱业的开始。1915 年，荣氏兄弟在上海组建申新纺织公司，在长江沿岸设立多处棉纺工厂，申新在 20 年代的纱锭增长率甚至超过了在华日商纱厂。申新的“人钟”牌棉纱成为全国闻名的棉纱之一。1921 年，荣氏兄弟的企业形成了面粉与棉纱两翼齐飞、相互补充的格局。直接靠荣氏企业生活的人，不少于 10 万。此时的荣氏企业，已经成为全国规模最为庞大的私营企业集团。

荣德生曾经讲过，他把实业经营与事业经营放在一起，他不是资本家，他是一个事业迷。只要他家这个大烟囱在冒烟，几千个工人家里的小烟囱才能冒烟。所以解决老百姓的就业问题，是荣德生创业的一个基本理念。

江南水弄堂，运河老码头，这里是无锡著名的南长街景区。20 世纪二三十年代，河道两旁出现了大量以缫丝为业的作坊和工厂，其中规模最大，最负盛名的要数位于大公桥堍的永泰丝厂。如今无锡人将丝厂旧址改造为眼前的中国丝业博物馆，大门回廊，院落厂房，机器车间，历历在目。它的创始人就是薛福成的儿子薛南溟。薛南溟最早和周舜卿一起在上海开设永泰丝厂，后来租厂的场地期满，他就决定把厂子迁回到无锡。无锡本就是茧的原料产地，薛家又控制了苏南地区数百家的茧行，为永泰丝厂提供了充足的原料供给。

薛氏缫丝业的最大特色就是创名牌， 1921 年，永泰丝厂代表中国丝业界赴美国纽约参加万国博览会，带去参加评奖的“金双鹿”丝获得“金奖”，产品质量在中国号称第一。“金双鹿”和“银双鹿”从此成为国际知名品牌，引来众多外商竞相订购。等到薛南溟的儿子薛寿萱继承家业后，永泰在海外的名声更加响亮。

1930 年，世界性的经济危机登陆中国，这对于缫丝业是致命的打击。无锡全县 48 家缫丝厂，仅在两个月内，就损失了 400 万元以上，许多缫丝厂不得不停工、破产。面对突如其来的灾难，有着留洋经历的薛寿萱决定放手一搏，开拓海外市场。1930 年，薛寿萱联合丝织业同行，将自己的产品，越过中介代理洋行，直接运销海外，结果大获赢利。仅两年时间，永泰已经在美国纽约、英国曼彻斯特、法国里昂和澳洲的墨尔本开设公司，直销产品，薛氏企业成功反扑国外的事迹在当时的中国工商界是绝无仅有的传奇。

与薛寿萱同样有着留洋背景的唐星海也在工商业竞争的大潮中顺势而变，冲风破浪。1926 年，他继承了父亲唐保谦和蔡缄三创设的九丰面粉厂、庆丰纺织厂。对这两个企业进行了科学改革，培养专业人才。1933 年，又在厂内增设漂染部，使庆丰成为无锡重要的纺织企业。

唐氏家族中还有一支以绸庄生意发家的，那就是唐星海的堂叔唐骧廷。唐骧廷一开始只是卖布的小商人，后来越干越大，便与长期合作的程敬堂一起，兼并了丽华布厂，建起丽新纺织印染厂。经过十年经营，该厂一跃成为全国第一家集纺、织、染于一体的全能工厂。“长胜王”商标是该厂的名牌。丽新纺织厂从设计、打样到开发新的花色品种，大概只要 10 天左右的周期，这在当时是非常难得的，以至于日本的《朝日新闻》也发表文章说，丽新是日商的劲敌。

“田园劫后将何去，欲起渊明叩昨非。”钱钟书用诗句佐证了家乡在战争中的苦难，战争对实业家们更是可怕的。经过了抗战、内战接连不断的摧残，无锡大部分的工厂企业都化为废墟，薛、唐等家族为求新生，纷纷迁往国外。荣氏一家坚持留守，以荣毅仁为代表的荣氏子孙重整旗鼓，最终将损失惨重的荣氏企业拉出泥泞，挺过了战乱。

中华人民共和国成立后，我国的民族工商业被逐渐纳入社会主义经济体制，到 1956 年，国家完成了对工商业的社会主义改造。从此，民族工商业创办的企业变为全民所有制，由国家统一管理运行。如今，随着现代化的发展，这些工厂绝大多数都被时代所淘汰，有些连一砖一瓦也无处寻觅。但是，它们和它们的创造者留下的巨大社会财富和精神瑰宝将永远留在这片故土上。

大公图书馆、江南大学旧址是荣巷保存较好的两处遗址，它们都是当年荣德生所创办的公益机构，为无锡的近代教育文化事业，开启风气之先。几乎所有的锡商都有回报家乡之心，近代以来，锡商修建的学堂、园林、道路、桥梁不胜枚举，蠡湖上的宝界双虹是最具传奇性的无锡骄傲。荣德生 60 岁的时候，很多人为他庆寿，他说我不做寿，如果大家非要为我祝寿，我就把祝寿的钱拿出来，建一座桥。这座桥就是直通无锡最著名的风景区太湖鼋头渚的宝界桥，当时无锡没有陆路能够直达鼋头渚，只能坐船跨过五里湖，荣德生的桥让天堑变通途。

宝界桥，周身有 60 个桥门洞，如长虹一般连接着市区和鼋头渚景区。在当时，这可是苏南第一长桥，所以无锡人习惯称它为长桥。长桥历经岁月洗礼，到了20世纪90年代，由于宽度太窄，已经无法承载起现代交通。于是，无锡市政府有了拆老桥建新桥的打算，这一提议遭到了文史工作者和荣氏家族的反对。懂得历史唯物辩证法的荣德生以前说过，我办的很多工厂总有一天要消失，我唯一可以留给家乡人作为纪念的，就是这座桥。于是经过多方协调，老桥保留下来，荣德生的孙子荣智健出资在老宝界桥旁边又修了一座新的宝界桥，就形成现在这样一个宝界双虹的景观。两座长桥的倒影，在湖水的荡漾中，依靠着、交融着，就像百年工商的故事，平和而悠长，等着后辈人再续篇章。

无锡中国民族音乐博物馆

“凡音之起，由人心生也，人心之动，物使之然也。感于物而动，故形于声”。这是《乐记》中关于音乐本质的阐述。古人认为，音乐的产生，正源于人心对大自然的感悟，同时音乐又是表达情感的一种艺术形式。中国的民乐源远流长，先民们对音乐的创作能力和审美情趣世代延续，逐步形成了以五声调式为基础，内容丰富，理论完备，具有中国思维的音乐体系，即中国民族音乐。这一体系不仅深深植根于中国各民族的音乐文化之中，还被传播到很多国家和地区，成为世界音乐体系中的重要组成部分。

在中国民乐的长河中，有一个城市不得不提，那就是无锡。民乐史上的诸多惊艳一笔都记下了无锡的名字，特别是近代以来，无锡孕育出了阿炳、刘天华等一大批民乐大师，培养了杨荫浏、曹安和等音乐理论家，产生了江南丝竹、无锡道乐等别具一格的音乐表现形式，滋养了天韵社、华光乐团等优秀的民乐团体。无锡民乐的发展彰显出曲种多样、风格鲜明、贴近生活的特点，无锡也被冠以“民乐之乡”的美誉。2010 年，一座以中国民族音乐为主题的博物馆落地无锡。这座博物馆由无锡市政府、中国音乐学院、中国艺术研究院三家共建，现在由无锡日报报业集团承建管理，是目前国内唯一一家综合性民族音乐博物馆。博物馆位于无锡运河公园一隅，畔河临花，绿树掩映，建筑风格现代而又不失古趣，门额立柱，辅首装饰都是民族乐器造型，处处体现出民乐在建筑上的巧思妙用。

中国民族音乐博物馆馆长潘一东介绍说，民乐馆内总共有五个版块的展陈。第一个版块是千古遗韵；第二个版块是太湖美韵；第三个版块是民乐大家；第四个版块是我们国家的世界级非物质文化遗产，比如说古琴、莎木卡姆 、昆曲、侗族大歌、花儿 、西安鼓乐、 南音等等；第五个版块是我国各民族的民族乐器的展陈，共收藏了五百多件各个民族的乐器。

鸿山礼乐是一组古老的打击乐器，被称为江南礼乐的代表。2004—2005年间，在无锡鸿山发现了东周时期的越国贵族墓群，这里出土了大批青瓷仿铜乐器，品种有甬钟、镈、磬、句鑃、錞于、钲、越系圆钟、鼓座和缶等，总数近400件，是中国音乐考古史上的一次空前大发现。这些乐器其实就是春秋战国时期，贵族用于祭祀或者宴飨乐舞时敲击的，呈现出一幅吴越地区宫廷礼乐的壮观画面。

陈列在博物馆门厅的这组敲打乐器，是无锡籍的著名音乐考古学家王子初先生对鸿山礼乐的复原。他利用3000千克的青铜对原先的青瓷乐器进行仿制，并赋予音律。每件乐器都能发出它本质的声韵，连续敲击可以演奏成曲。置身其中，聆听金石铿锵，用心去感受那神圣而遥远的乐章。

眼前的乐器叫做句鑃，是吴越地区特有的乐器，成编使用。它的外观与流行于中原的编钟不同，口朝上，并没有钟乳，一套29件，与音色明亮的圆钟合奏。

缶，鸿山首次发现的越国乐器。《史记 · 廉颇蔺相如列传》中曾有记载，渑池会上，蔺相如请秦王为赵王击缶。但长期以来，人们对“缶”只闻其名，未见其形，且一直认为缶是瓦器。鸿山越墓出土的3件三足缶，使其得以正名。它们口径达40厘米，深腹盆形，口沿和上腹部饰蟠虺纹，有两个兽首状宽耳，造型夸张生动。

鸿山礼乐代表了打击乐器和音乐祭祀形式在吴越之地的盛行。如果追溯起来，在遥远的洪荒时代，在人类还没有语言的时候，靠气流发出高低强弱音符的吹奏乐器已经产生。舞阳骨笛，中国最古老的旋律乐器，距今已有八九千年的历史。它是用大型鸟类的翅骨截取两端关节钻孔而成的，大多数为七音孔，已能吹奏七声音阶的乐曲，音质古朴而又空灵纯净，犹如古老的传说，荡漾着中华先民最原始的集体回忆。

无锡市民族管弦乐学会会长钱铁民介绍说，埙也是古代用陶瓷烧制而成的吹管乐器。埙上面有孔，能发出不同音高的声音，也是旋律乐器。埙的声音很典雅，而且很深沉。吹管乐器里面还有一种叫做排箫， 在出土的乐俑中可以看到这种乐器。

窈窕淑女，琴瑟友之。琴与瑟是中国最古老的两种弹弦乐器，自西周以来就广为流行。东周时期，琴、瑟已在中原地区的礼乐中占有极其重要的地位。只弹散音，一弦一音的，是瑟；利用按音，振动发音的，是琴。湖北曾侯乙墓中出土的十弦琴，是迄今考古发现的最早的琴类乐器。琴身系用整木雕成，可分音箱和尾板两部分。此琴与后世七弦琴有较大差别，但对研究七弦琴的源流和发展具有重大意义。

左琴右书中的琴就是指古琴。古代文人将古琴视为必修的技能，从而使清雅淡和的古琴乐被赋予了超凡绝尘、高雅脱俗的意蕴。“静”可以说是琴音的最大特点，这里的“静”有两层意义，一是抚琴需要安静的环境，二是抚琴更需安静的心境。散音松沉而旷远，让人起远古之思；泛音则如天籁，有一种清冷入仙之感；按音非常丰富，手指下吟猱余韵、细微悠长。泛音像天，按音如人，散音则同大地，古琴之声被称为天地人三籁。

斫琴，专指对古琴进行精工细作的一种工艺技术。无锡籍大画家顾恺之的《斫琴图》，生动地呈现了两晋时期斫琴师制作古琴的过程。画中人物或挖刨琴板，或上弦听音，或制作部件。画面写实准确，其中琴面与琴底两板清楚分明。琴底已开有龙池、凤沼，说明当时制琴工艺已经相当成熟。博物馆

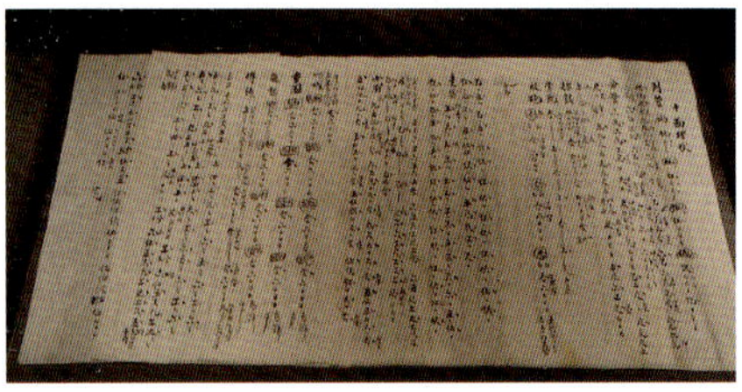

中收藏的这两把美轮美奂的古琴，一把是唐琴“九霄环佩”，琴以梧桐作面，杉木为底，通体髹紫漆，相传为“伏羲式”。另一把是宋琴“海月清辉”，相传为“仲尼式”。它们是斫琴艺术巅峰的代表，真品现都收藏于故宫博物院内。

随着封建社会的繁荣，我国的乐舞也步入鼎盛时代。这幅唐代的伎乐石刻画像，浮雕灵动。上面描绘的是一个乐队正在演奏的场景，画中共 15 人，手中的乐器有琵琶、筝、箜篌、横笛、拍板、笙、鼓等。据唐代《乐府杂录》记载，唐代已有三百多种乐器广泛使用。从出土的骆驼载乐俑这件彩陶上还可以看出，当时中西方文化交流对中原民乐的影响。曲项琵琶，也称胡琵琶，是中亚流传到唐朝的一种乐器，后经过本土化改造，演变成今日大家熟悉的琵琶。在唐朝时，琵琶是乐队中最主要的乐器，对盛唐歌舞艺术的发展起了重要作用。诗人白居易在《琵琶行》中非常形象地对琵琶的音响效果这样描述：“大弦嘈嘈如急雨，小弦切切如私语。嘈嘈切切错杂弹，大珠小珠落玉盘。”

琵琶在唐代有了很大的发展，但是那个时候还没有真正的琵琶谱。直到清朝时期，无锡荡口的华秋萍第一次把南派北派的琵琶汇集在一起，编订成《华氏琵琶谱》，上中下三册。这个谱子的意义是将由古代到清代的绝大部分琵琶谱进行总结编录。

如果说宋代以前，音乐演奏几乎都是以宫廷演出为主，那么宋代以后的音乐就要以瓦市、勾栏还有后来的戏楼、茶馆等为主要演出形式。元代的杂剧表演、清代的弹词表演和昆山腔表演都曾红遍南北，遗音流芳。昆曲、锡剧在无锡地区更是喜闻乐见，备受推崇，从惠山泥人手捏戏文的兴起便可见一斑，那丰富多变的人物造型，生动细腻的情景营造，栩栩如生。一场大戏就此拉开，伴奏合拍，身段灵活，唱腔婉转。无锡至今还保留下一批古戏台，薛福成故居的这个戏台就是其中之一，当年的大户人家不论是逢年过节还是婚丧嫁娶，都要请来当地有名的戏班子，唱上几出。这里演尽了王侯将相、才子佳人的故事，如今变成了票友练声，聚会切磋的场子，也算是前世今生的缘分。

五百多年前，无锡有个唱昆曲的曲局，叫天韵社，天韵社的香火一直延续至今。有这样一句话：“舟泊梁溪莫拍曲”，意思就是，你到了无锡这个地方，就不要唱昆曲了，因为无锡人唱昆曲的水平已经很难被超越。除了“舟泊梁溪莫拍曲”，无锡还有着“船过无锡莫唱歌”之说，这是对无锡歌谣说唱的赞扬。

无锡市民族管弦乐学会会长钱铁民介绍说，在无锡地区山歌更流行。山歌有很多很多种，有即口山歌，也有对歌。无锡有个歌王叫钱阿福，他可以用歌来表达任何生活中的情与物，甚至用歌可以和你对话。另外，从曲艺音乐来讲，还有一种叫“说因果”。

无锡市评曲非物质文化遗产传承人王志熙介绍说，评曲是由明末清初的锡剧发展起来的。无锡评曲形成之后，就叫它“说因果”。它说的主要内容是劝人为善 、劝故为亲、劝子为孝，做官的应当要勤政，为人应当要孝顺。

“说因果”可以单档演出也可以双档合演。所用的乐器极其便捷，有三跳、荸荠鼓、鼓板，偶尔也会加入二胡、笙、箫等伴奏，唱腔融合了拖腔、帮腔、滚句等丰富多样的技巧。扎根于吴地的音乐表现形式还有很多，它们大多都有着深厚的文化积淀，在无锡乐人的传承和创新中越发动听。

无锡道教音乐是无锡地区影响最大的地方音乐，2008 年成功入选国家级非物质文化遗产保护项目。无锡的道教音乐已有 1400 多年的历史，是斋醮科仪活动中使用的音乐。它吸取了吴地民间音乐，苏南地方戏曲，尤其是昆曲等元素，逐渐形成了鲜明的地域风格。它的主要演奏形式分为腔口、锣鼓和梵音。由古至今，无锡的正一派道士都以吹拉弹打唱作为毕生修行。尤武忠老先生是中国道教音乐的国家级传承人，也是无锡道教音乐的最后一位嫡传大师。2009 年，尤武忠先生去世，他留下的大量道乐手稿被博物馆保存，成为后代研习无锡道乐的瑰宝。其实，在无锡道乐保护与发展这条路上，还有很多故事值得说起。

无锡的道教音乐有两个最大的器乐门类，十番鼓和十番锣鼓。它们是两个不同的乐种，十番鼓里面最重要的是单匹鼓的演奏，就是板鼓，有独奏段落，有快鼓段、中鼓段和慢鼓段。19 世纪 30 年代无锡著名的道教团体“十不拆”，走出了一位司鼓技艺大师朱勤甫，他被称为“南鼓王”。朱勤甫有一次在上海表演，上海有个名气很大的红豆馆主溥西园，听了朱勤甫的演奏后，对他赞不绝口，还说如果我学了朱先生的击鼓艺术，那表演起《击鼓骂曹》来就更加有声有色了。

瞎子阿炳，以二胡享誉海内外，如果追溯他的音乐根基，那还是源于无锡的道教音乐。阿炳原名华彦均，其父是无锡雷尊殿的当家道士，阿炳 8 岁时便披上道袍，跟随父亲学习道教音乐。无锡正一派道教固守着一套学艺旧法，小道士学艺，先要从敲翁钹、骨子开始，然后击小锣、木鱼，再开始学竹笛，继而吹笙、唢呐，最后是难度比较高的丝弦乐器。阿炳在学徒过程中展现出过人天赋，经过几载勤学苦练，他对道乐演奏可谓得心应手，十几岁时就已经可以主持法事，被人们称为“小天师”。可世事无常，道士阿炳历经磨难，沦为街头卖艺的瞎子阿炳，以靠拉二胡、弹琵琶为生。他的一生就如凄怆的二胡曲调一样，大起大落，直到生命的尽头才遇到伯乐，为世人保存下屈指可数的 6 首曲目，没承想，这些曲目成就了中国民乐乃至世界音乐界响彻心扉的乐章。

《二泉映月》《寒春风曲》《听松》三首二胡曲，《大浪淘沙》《龙船》《昭君出塞》三首琵琶曲，是杨荫浏和曹安和先生在 1950 年为阿炳录下的绝响。也正是因为有了杨、曹两位无锡籍的音乐理论家、音乐教育家的努力，我们才能听到这感人肺腑的心灵之声，展柜中的这台钢丝录音机是以为阿炳录音的那台仿制而成的。当年，杨先生和曹先生还带着这台录音机跑遍中国山南海北，为后人留下了独一无二的音乐宝藏，他们的故事也成为中国民乐史上最精彩的一页。博物馆陈列出杨荫浏先生生前的实物，有他自制的十孔新笛、列和笛、荀勖笛，及一些作品和文章书信。

无锡在音乐理论方面的杰出代表是杨荫浏先生和曹安和先生。杨荫浏先生以毕生的精力来研究中国的民族音乐，他对无锡的地方音乐，对中国的民族音乐，对佛教音乐，对道教音乐，乃至对全国的各种民族音乐、古代音乐都如数家珍，他撰写的《中国音乐史》堪称音乐史中的权威代表。

天下第二泉，位于锡惠公园里，相传是阿炳创作《二泉映月》的地方，也是二胡爱好者来无锡必去的圣地。如果要用一种乐器代表无锡的音乐成就，那也非二胡莫属。其实，二胡在明清时期还谈不上是专门的独奏乐器，它多用于说唱和戏曲的伴奏，直到 19 世纪初，无锡有位名叫周少梅的琴师，他把原来一个把位的二胡改良为上、中、下三个把位的二胡，成为今天普遍使用的二胡样式，这样一来既扩展了二胡的音域范围，也使二胡的音质变得柔和刚劲。随后，周少梅的徒弟刘天华在接受西方音乐的熏陶后，决定改良国乐，他把二胡演奏带入高等学府，为二胡编写了 47 首练习曲，创作了 10 首独奏曲，为中国的二胡教育编订了系统的教程并付诸实践。刘天华完全打破了二胡原有的定义，二胡由一种没有独奏乐谱的配乐器变成了可以登上大雅之堂的民乐重器。刘天华去世后，他的弟弟刘北茂继承他的遗愿，成为二胡演奏的一代宗师。刘氏兄弟奠定了中国二胡发展的新基石。之后，无锡涌现出一大批优秀的二胡演奏大家，比如储师竹、华彦钧、蒋风之、蒋巽风等，他们各有建树，开拓创新。无锡成为了名副其实的二胡摇篮。

19 世纪末 20 世纪初短短数年间，在无锡这片幅员并不算辽阔的土地上，诞生了多位中国近现代音乐史上举足轻重的人物：音乐考古学先驱刘复，《歌唱祖国》作者王莘，国立音乐院的首位校长顾毓琇，有中国茶花女之称的女高音张权，现代中阮和大阮的发明人王仲丙，古琴大师成公亮等等。他们是国乐的活力，是无锡的骄傲。

国风千年，中国民乐留下了多少感天动地的乐章，大河上下，中国民乐奏响起多少沁人心脾的旋律。鼓乐瑟瑟，余音萦绕，人类的耳朵从未缺少过天籁之音的滋养，世间总有一种声音能够抚平人心，那就是民族的声音。民乐不灭，人心永恒。

无锡中国泥人博物馆

穿过这座牌坊，整个城市仿佛被抛在了身后。沿着石铺古道而行，山在不远处，水在脚边流，眼睛几乎被河岸两旁的古祠全然占据。

江浙一带的古祠堂，一般占地宽广、建制宏伟。而无锡惠山古镇的祠堂，大多与江南传统民居相仿。不知从何时开始，这里成了风水宝地，能够在这里获一席之地建造祠堂，是许多名门望族的至尚荣耀。于是，这里的祠堂鳞次栉比。

在古祠堂群中穿行，犹如行走在茫茫历史之中，每一处牌匾，每一间古屋，都有故事。我们的故事来自于祠堂的祠丁。

一般说来，有祠堂的地方，就有守护祠堂的祠丁。如今惠山古镇的祠堂里，已不见祠丁们的身影，但当年他们为了养家糊口而做的一件件土宜，如今已成为珍贵的文化财富。土宜，是用作礼品的地方特色物件。

相传，当年惠山祠丁有百余户，他们收入微薄，难以维持一家的生计。为了贴补家用，祠丁们便在附近的惠山脚下挖取黑泥，回来制作成泥人，在祭祀时或是庙会上出售。

惠山不仅景色秀丽，还拥有一千多年历史的惠山寺和天下第二泉。四面八方的游客络绎不绝，尤其是庙会期间或是清明时节。游客们总要选上几件土宜，带回去作为纪念。祠丁们制作的泥人是他们的最爱。这些泥人后来被称为惠山泥人，从那时起，惠山泥人名扬天下。

后来，捏泥的人越来越多，泥人也越做越精美，惠山镇上就出现了专卖泥人的耍货店，接着又成立了耍

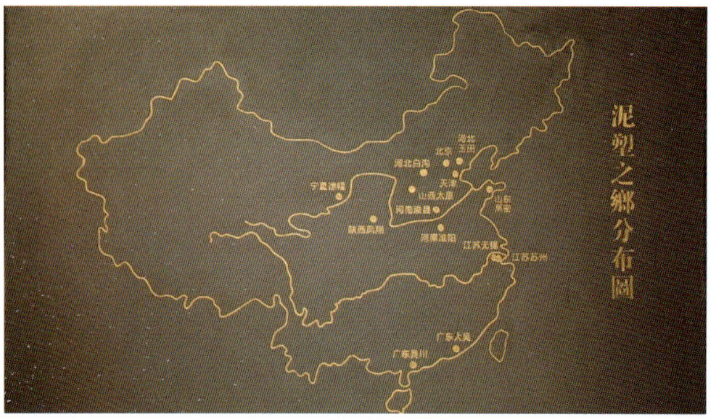

货公所，这是中国最早的泥人行会组织；再后来又有了惠山泥人厂、惠山泥人研究所、惠山泥人博物馆；直至 2011 年，在惠山泥人厂的原址上，建造了中国泥人博物馆。

中国泥人博物馆坐落在惠山古镇的尽头，主体建筑由日本著名建筑设计大师隈研吾设计，外形简洁、典雅，不乏现代时尚气息，却也融合了大量惠山本土元素，与古镇风貌相得益彰。博物馆主体旁的三排老厂房，是 20 世纪 50 年代遗存建筑。青砖外墙上，隐隐约约残存的“文化大革命”时期的标语口号，为博物馆增添了些许历史的厚重。

走进中国泥人博物馆，仿佛置身于一幅从女娲造人，到泥人走入生活，直至臻于艺术的历史画卷中。近 5000 件泥人作品，星星点点地散落在各个展厅的醒目处，在壁画、浮雕、半景雕塑以及各种场景的陪衬下，越发栩栩如生。梦幻般的视觉效果，略显神秘的艺术氛围，犹如进入了泥人世界的时空隧道，不由得让人对中国泥人的前世今生兴趣盎然。

中国泥人历史悠久，分布广泛。艺人们就地取材，以泥土为原料，以人物、动物为主要塑材，手工捏塑而成，或素或彩，形象生动。中国泥人艺术南北兼有，流派纷呈，品种繁多，自古以来连绵不断，是中华民族泥塑发展史上辉煌的一页和生动瑰丽的活化石。

传说女娲抟土造人，创造了人类社会，她是我们中华民族的伟大母亲，泥塑的起始也许就源于此吧！

远在新石器时期，诞生了泥塑的原始生命，陶器上的圆雕或是浮雕，既起到装饰作用又有实用价值。一些陶器上的彩绘，便是彩塑的雏形。远古的泥塑让我们看到了中华民族伟大的艺术创造力和丰富的想象空间。

河姆渡文化出土的陶猪、陶羊，距今已近

7000 年；红山文化牛河梁女神像，用稀泥和草塑成，面部还施了红彩，距今 5000 多年。

“世界第八大奇迹”的秦始皇兵马俑，是封建帝国军事与文化张力的生动写照。秦汉时期，泥塑作品多为陪葬人俑。汉阳陵陶俑沿袭了秦俑的制作技艺，比起秦始皇兵马俑的肃穆与刚烈，阳陵汉俑显得平和而从容。

寺庙中的彩塑造像，是中国泥塑的重要组成部分，以佛教造像为主流。魏晋隋唐时期的佛教泥塑在传统造像基础上，吸取了印度雕塑艺术的精华，融会贯通，达到了艺术的顶峰，敦煌彩塑是其中的经典。

宋代晋祠的彩绘侍女，品味不凡，可谓天下第一。

宋代以后，表现宗教题材的大型佛像继续繁荣，小型泥塑玩具也悄然兴起。民间泥玩具是民间泥塑艺术的特别种类，与民间习俗的关系十分密切。

“磨喝乐”，是宋、元时期十分流行的一种节令性泥塑娃娃。虽然只是每年七夕时节孩童们用于乞巧活动的玩物，但同样有着较高的品位。

除了磨喝乐，黄胖和湖上土仪也是那时盛行的玩物。黄胖是迎春时节的土制玩偶，常在宴会上使用。湖上土仪是南宋杭州西湖周边所产的纪念品。

“你侬我侬，忒煞情多。情多处，热如火。把一块泥，捻一个你，塑一个我，将咱两个，一齐打破，用水调和。再捻一个你，再塑一个我。我泥中有你，你泥中有我。”

《我侬词》是妻子管道升写给丈夫赵孟頫的。俏皮的泥玩，被勾画上浪漫的色彩，无形中增添了几分温馨和感动。

中国泥人发展到明清时期，不但做工讲究、形态精美、题材多样，泥人大师辈出、风格流派纷呈，还形成了规模宏大、热闹非凡的民间工艺品市场。其中的一些市场一直延续至今，成为我国著名的民间泥人产区。

河北的白沟泥人、玉田泥人；山东的高密泥人；河南的浚县泥人、淮阳泥人；广东的大吴泥人、吴川泥人；陕西的凤翔泥人；宁夏的德隆泥人；还有北京泥人、苏州虎丘泥人；等等。

一方水土滋养了一方泥人，地域文化习俗的不同，南北泥塑有着不同的制作工艺和风格特色。

中国泥人的南北两大流派中，最具代表的，是天津的泥人张和无锡的惠山泥人，可谓南北双璧。

在《辞海》的专项词条中，是这样解释“泥人张”的：“泛指天津张姓一家祖孙相传的泥塑名手。张明山是‘泥人张’第一代”。

张明山生于天津，家境贫寒，从小跟父亲以捏泥人为业，养家糊口。他心灵手巧，富于想象，时常在集市上观察各行各业的人物，在戏院里仔细观看各种角色，偷偷地在袖口里捏制。他捏制出来的泥人居然个个形神毕肖，栩栩如生，须眉欲动。他一生创作了 10000 多件作品，不仅形似，而且以形写神，达到神形兼具的境地。老百姓都喜爱他的作品，亲切地送给张明山一个昵称：叫做泥人张，那是1844 年，那一年他 18 岁。此后的 160 多年里，历经六代传承，泥人张逐渐成为一个享誉海内外的泥塑艺术品牌，影响力和知名度超乎想象。

与泥人张异曲同工的惠山泥人，是无锡惠山所独有的。惠山泥人造型饱满，线条流畅，色彩鲜艳，情趣盎然，雅俗共赏，同样深受世人喜爱。惠山泥人也是凝聚了劳动者的智慧，在生活实践中孕育出的一种民间文化艺术。用惠山泥人大师喻湘莲的话说，惠山泥人与泥人张的关系就像是母亲肚子里的异卵双胞胎，只是天津泥人要求具象，而惠山泥人讲究意象，泥人张以塑专长，惠山泥人以捏为主。另外，彩绘技艺在惠山泥人中更显重要。

无锡惠山泥人起源于明太祖洪武年间，盛行于清代，发展至今已有 500 多年的历史。数百年来，惠山家家户户都能制作精美的泥人，作坊店铺林立，从业人员众多，传承着这一富有东方色彩的民间艺术品。

早期的惠山泥人以儿童玩具为主，如车老虎、大花猫、大阿福等，统称为耍货，也叫粗货。粗货采用模具印坯，手工绘彩，造型单纯，用笔粗放，色彩明快，形神兼备。内容大多以喜庆吉祥题材为主。

大阿福是惠山泥人的代表作，基本造型是一个健康、丰满的胖娃娃。身穿五福梅花袄，怀抱金毛大青狮，面容安详，眉清目秀，和颜悦色，满脸笑容。那福得得、胖墩墩的形象，着实惹人喜爱。在民间，大阿福是风调雨顺、国泰民安的象征，是人们祈求祥和圆满的吉祥物。

戏曲的流传与普及，给惠山泥塑艺人提供了借鉴的机会，启发他们去开辟全新的创作领域。道光咸丰之际，出现了一种取材于昆腔戏和徽班戏的泥人，称作小板戏。这类品种当时产量较小，通常以二至四人为一组，或皆文人仕女，或皆武将。小板戏用印段镶手的方法制作，头和身躯分别用模具印制，然后用竹签固定在一块泥板上，所以称为小板戏。

同治年间，泥塑艺人丁阿金首创了捏段镶手的制作方法，提高了惠山泥人的技术。所谓捏段镶手技法，用行话说，就是“先上后下，先里后外”。

取材于戏剧舞台原型，完全手工捏制的手捏戏文，由此诞生。后来作品题材增加了历史人物、传说故事，以及仙、佛、神话等内容，但仍称作手捏戏文。因做工精细，手捏戏文又被称作细货。

手捏戏文巧妙地运用了戏曲以虚拟实、以简代繁、以神传情的表现技法，借鉴了苏州桃花坞及天津杨柳

青年画中的造型风格，根据泥塑的自身特点，抓住戏曲中最具代表性的情节和人物特征进行创作，使手中的戏文形象简洁明快、生动传神。

以少胜多、重在神韵，是手捏戏文的一大特色。手捏戏文讲究动作、神态、脸谱、服饰、舞台造型，简练处极其简练，夸张处极其夸张。为适合人们的欣赏习惯，头部的比例往往较大，头与身体的比例达到一比五。

手捏戏文彩绘色彩艳丽，色调明净。惠山的艺人们历来十分强调用色，有三分坯，七分彩的说法。一件泥人坯体本身很小，处理得又十分简洁，只有靠色彩的辅助来使它进一步传神。

“开相活，戏才活”，艺人们特别重视脸部的开相，以弥补泥塑的不足。寥寥几笔，就能勾画出人物的鲜明个性。“远看颜色近看花”，是彩绘的总体要求。既有大的色彩效果，又能看到局部的花纹。色泽要求“红要红得鲜，绿要绿得嫩，白要白得净”。纹样的装饰上“满而不塞，繁中有简”。纹样与底色互为衬托，采用深底浅花或浅底深花的手法，使图案花纹鲜明悦目。一般说来，表现京剧题材的泥人色彩比较富丽，表现昆曲的比较文静柔美。手捏戏文继承了早期惠山泥人的彩绘传统，具有浓郁的民间色彩与江南情调。

惠山手捏戏文的飞速发展，使得泥塑艺人也成批出现，丁阿金是其中的一位。他首创了采用自然实物装饰的技法，一改过去制作泥人除上彩以外没有任何装饰。这一技法叫装銮，用丝线、绫绢、宝素珠等材料来制作人物的腰带、拂尘、朝笏、马鞍以及头上的彩珠、花朵等物件，使手捏戏文在色彩上更加明丽，形象上更加生动逼真。

手捏戏文的出现，使得惠山泥人雅俗共赏，从而扩大了市场的销路。同治、光绪年间，惠山泥人发展到历史上最为兴盛的时期。惠山一带泥人作坊、店铺林立。较著名的有胡万成大房、二房章万盛、章万丰、章锦泰、陈洪茂等 40 余家。胡万成耍货店的广告更是让人称绝：“大房胡万成，惠山对山门，远近有名声，精制泥美人”。

无锡的惠山街因泥人而增色，泥人业又因惠山街的繁荣而日益兴旺。长期形成的民俗文化氛围，使泥人与惠山街结下不解之缘。久而久之，惠山街上卖泥人成为无锡一景。

在中国，几乎每个行当都有尊奉祖师的习俗，供奉一个偶像作为他们行当的创始人，保佑后代艺人的生

产、经营顺顺当当。在惠山泥人行业里也有这个习俗，最早建立的泥人业行会名称为“耍货公所”，是 1889 年胡万成、龚源盛等 10 余家共同设立的，公所供奉的祖师是公元前春秋战国时期的孙膑。

惠山泥人在浓郁的无锡民俗文化氛围中发展起来，成为一种民俗风情的重要载体。惠山的泥塑艺人生活在社会底层，许多思想情感与民众息息相通。所以惠山泥人作品，大都反映了民众精神生活的需求，赋予迎祥纳福，避邪消灾的寓意。每逢过年过节、婚丧喜庆、春耕春种，人们都要买上不同的泥人，通过寓意、象征、比喻来寄托人们对美好生活的向往。比如结婚一般要送和合二仙、张仙送子、麒麟送子。祝寿要送寿星、王母。造房子送三星高照。过年送五路财神、大阿福。开店送一本万利、财神、渔翁得利、招财进宝。养蚕季节要买蚕猫回家，放在蚕室里，作为镇鼠之物。到了开春，农民要买一件春牛回去讨吉利，春牛身上的青黄两色象征着庄稼的苗壮叶茂，预示着来年的丰收，所以春节期间，春牛是销路最好的产品之一。

无锡泥人对材质的要求非常严格。在惠山脚下，水稻田下层约三尺左右，盛产一种黑泥。这种泥土细腻滋润，黏性特别好，而且搓而不纹，弯而不断，干而不裂，可塑性极强，很适合雕塑。用它做泥人，不但坯面光洁，适宜敷彩，干后还不易裂缝，这就为制作惠山泥人提供了理想的优质原料。

传统的惠山泥人工艺极为复杂，有搓、揉、挑、捏、印、拍、剪、色、压、贴、镶、划、扳、插、推、揞、糊、装等技艺。

随着时代的发展，生活习惯的改变，人们的审美观也在改变。为了保存市场上泥人的多样性，满足当代的审美情趣，早期那个呆头呆脑的阿福形象，也就逐渐变成了今天这个聪明活泼的孩童形象。正是因为这个改变成功地迎合了市场的审美，一直到现在，新阿福都是最受欢迎的惠山泥人。还有更多的惠山泥人作品，都被烙上了时代的印记，既保留了纯朴敦厚、端庄亲切的传统民间艺术风格，也注入了活泼健壮、生机勃勃的时代风采。

由于材质的特殊性，泥人的收藏和保存极为困难。在今天的收藏界，唐宋的字画尚有流传，但要找到一件明清时期的泥人，却是难上加难。这些“上了年纪”的作品，看似陈旧破残，却承载着历史文化的信息，弥足珍贵。

中国泥人博物馆不仅是无锡惠山泥人艺术的展示窗口、研究平台、保护中心和生产场所，更是中国泥彩塑走向世界的桥梁，是传承泥彩塑文化的艺术殿堂。中国泥人博物馆为历经了千年的中国泥人艺术，在惠山古镇找到了他们永久的家园，让人们看到了中国泥彩塑艺术的美好明天。

宜兴阳羡茶文化博物馆

茶本是一片树叶，落入水中，改变了水的味道，从此就有了茶。茶经过了水与火，生与死的历练，与我们相遇，茶的命运也是我们的命运。所以茶更是一种人生。按中国汉字的书写方式，茶，是人处在草木之间，浮生若茶。茶也是一种态度，是人类面对自然、面对内心的写照。中国人认为，茶如人生，苦尽，甘来。中国的土地被称为是茶的故乡，不仅是因为这里孕育出世界最早的茶树，这里覆盖着世界最广的茶叶产区，更因为这里的人们将茶视为一种沟通天地的灵物。

茶产于中国，一片树叶，一棵树，都是有灵性的。这个灵性的树，它一定要生长在环境非常优美的地方，有山有水。宜兴，三山、二水、五分田，古称阳羡。龙池南峰，山高而陡，篁竹满岭，岚气清新。千百年前，祖先在这里藏下一方神奇的砂土，烧出一把紫砂茗壶，同时也不忘在这里埋下一颗茶的种子，孕育出这杯中销魂之物，阳羡茶。

宜兴是亚热带地区，土壤中香灰土的成分比较高，所以这里山上面到处都有野山茶，这种地方种植出的茶叶质量也好。再一个宜兴是鱼米之乡，茶树一定要有水蒸气来供养，所以好水源才有好茶叶。

中国茗茶品类繁多，绿茶、红茶、黄茶、黑茶、乌龙茶各有千秋；西湖龙井、洞庭碧螺春、黄山毛峰、武夷岩茶、安溪铁观音、祁门红茶各领风骚。相比之下，阳羡茶位轻言微了许多，孰知，它也有鼎盛煊赫的过往。坐落在宜兴云湖边上的这座阳羡茶文化博物馆，就再现了阳羡茶起起落落的历程，馆内设有千年茶史、唐贡焙茶、茶诗流韵、名山名寺、千年茶馆、盛世茶叶等七个展厅，不仅展陈了阳羡茶的种种，更凸显出茶

文化的博大精深以及茶和宜兴的地缘根脉。博物馆布景雅致，竹林苍翠，亭榭错落，草木溪塘相映成趣，清寂而不失温和，身后的数亩茶园层层叠翠，铺绿山垄，似卧坡的青龙、潮动的海洋，与主体建筑前呼后应，自然天成。

阳羡茶的故事从这里讲起。

最早的茶实际是用于治病解毒的。神农尝百草，才有了茶叶。到了晚期，特别是到了汉代以后，茶叶才成为我们对外贸易的商品。再到隋唐，茶叶已经作为中国富人一种待客的饮品。那个时候的茶，产量很低，是一种奢侈品，平常人家轻易品尝不到。

与古茶树的起源时期相比，阳羡茶稍晚一些。相传，阳羡茶有着 1800 多年的历史，成书于东汉末年的《桐君录》中有“西阳、武昌、晋陵皆出好茗”之说。晋陵是今常州的别称，而自古以来常州府辖区内产茶的仅有阳羡。由此可以推断，阳羡出产的茶叶在公元 220 年的东汉时期就相当有名气了。至唐代，茶圣陆羽为撰写《茶经》，曾在阳羡南部山区作了长时间的考察，时任常州太守李栖筠为茶圣送来阳羡茶，陆羽品后大

赞，称此茶为“芬芳冠世，推为上品，可供上方”。他还在《茶经》中描述到“阳崖阴林，紫者上，绿者次，笋者上，芽者次”。故阳羡紫笋茶的名气不胫而走，更作为贡品晋升为皇家饮馔。阳羡茶成了唐贡茶，产贡茶的山也成了唐贡山。据《宜兴县志》载：“唐贡山，县东南三十五里，临罨画溪，今湖父地区，以唐时产茶入贡故名。金沙泉即在其下。”

杜牧诗又云：“泉嫩黄金涌，芽香紫壁裁。”好茶需有好水泡，当时的金沙泉水和阳羡紫笋同为贡品，装入竹筒，一起入京。由于谷雨前的茶，品质最佳，所以开春的头茶焙制好后，便由驿骑日夜兼程，十日内送达长安，赶上朝廷的“清明宴”。隐居宜兴茗岭的卢仝曾为此赋诗：“闻道新年入山里，蛰虫惊动春风起。天子须尝阳羡茶，百草不敢先开花。”唐朝宜兴的贡茶叫阳羡紫笋，紫笋这个茶叶做出来不红而偏于紫色，那为什么用一个“笋”字呢？因为它的一片茶叶都是一芽一叶分开的，外形像极了竹笋的头。

阳羡茶，茶条形紧锋直，色翠显毫，汤色清澈，清香淡雅，沁人肺腑。后来明人周高起在《洞山岕茶系》中曾如此评价阳羡茶：“淡黄不绿、叶茎淡白而厚，制成梗绝少，入汤色柔白如玉露，味甘，茅香藏味中，

空蒙深永，啜之愈出，致在有无之外。”唐朝帝王自好上了这口阳羡茶，便欲罢不能，唐武宗年间，阳羡贡茶数量达到一万八千四百斤。茶季一到，金沙泉边焙制春茶，茶灶成排，灶火不熄，香飘十里，醇郁不散，有“焙茶十里水泉香”之说。

唐人制茶，和今日大相径庭。首先是采和捡，采雨前茶，筛出一芽一叶作为茶青，所谓一芽一叶，就是茶树苞出来一个芽，一片叶，第二片叶初展时，采下第一片芽和叶，留住第二片叶子，以便茶树休养生息后，茶人能够再次采摘。

有了优质的茶青后，下一步就是蒸茶，把茶叶连同篮子放入木筒内，将木筒放入锅内蒸，为的是去除青草的异味。蒸熟的茶叶趁热放入石臼内捣碎，捣碎的程度以叶烂而芽存为宜。接下来是拍茶，就是把捣碎的茶叶放入铁制的模具拍打成型，模型有圆形、方形、花型。刚倒出的饼茶水分还很多，需先自然干燥后，再人工置于炭火上烘焙，烤到茶香溢出，茶团干缩，便可以用绳线把饼茶串起来。穿茶是为了易于运送，一般有一斤为一串，半斤八两为一串两种规格。由于江南空气潮湿，为了保证贡茶的质量，最后还要用育器，把茶封起来。育器下层装有灰或碳，吸湿防潮，上面是成品的茶饼。

这种茶饼，饮用起来也和今日大相径庭。唐人根据自己口味浓淡，直接从茶饼上掰取大小不等的茶粉，放在开水锅里烹煮，汤中加盐，调成咸味，连汤带茶粉一同吃下，所以那时不叫喝茶，而叫吃茶。中国人对茶的饮用之法是随性而变的，到了宋朝，那是一个文人名士荟萃的时代，茶又有了新的玩法。

到了宋明时期，茶被称为文人雅事，一些文人墨客都喜欢把茶作为一种茶事，当时斗茶风行。在很多古画当中还能看到当时的场景，就是文人把茶饼、茶膏碾磨成粉，然后放在兔毫盏里，冲水后看茶汤的茶沫，茶沫越多，越白，保持的时间越久者为佳品。当时茶馆中，参加斗茶的人，要献出所藏茗茶，一番精工细作后，轮流品尝，在胜负评辩中，茶的品质优劣也自见分晓。如今仪式考究的日本茶道便是在宋人点茶的源流上演变而来。茶在宋代，有了更为广泛的享用。阳羡茶不再是皇族特饮，它已经流入民间，被喝出了千般韵味。“松风竹炉，提壶相呼”。东坡居士以茶会客，安然淡泊，颇有魏晋飘逸之风。“雪芽我为求阳羡，乳水君应饷惠泉”。最称他心意的就是阳羡雪芽，此茶汤清鲜亮，初尝乳香味醇，再品则冷峻清冽，后人评它有金石之味。

苏东坡曾经在他的传记里有两句话：“买田阳羡吾将老，从初只为溪山好。”意思是说，苏东坡到了宜兴后，被宜兴的山水，被宜兴的人文环境所吸引，决定要在宜兴这个地方买田安家。他在宜兴驻足的地方叫做东坡书院，静静地坐落在丁蜀镇的老街上，留下宋人对阳羡茶香的眷顾。有茶水滋养的岁月，是那样从容不迫，即使是遇到了时间拐点的变革，茶也一样能兼容并蓄，顺势而为。

明朝是茶叶发展史上的一个分水岭，朱元璋洪武八年，颁了一个诏子，叫废团茶而兴散茶，就是把以前制茶繁复的工艺方式废除掉，兴现代人所饮的散茶。如果说在明代以前，我们是煮茶也好，点茶也好，到明代以后就叫泡茶了。朱元璋的茶制改革，不光是把茶叶的制作方式、饮用方式彻底地改变了，最关键的是给宜兴带来了非常重要的陶品种——紫砂壶。紫砂壶是因茶而生，泡茶和紫砂壶是天生一对的绝配，茶叶在这把小小的壶里面，充分舒展，与里外空气交流，产生一种不可名状的变化。

黄龙山，原是宜兴普通的一丘，却因为紫砂土而变得独一无二。宜兴的紫砂壶被认为是最理想的泡茶工具，目前没有任何一种陶土能够取代宜兴这方土的神奇之处。从明代泡饮散茶开始，紫砂和茶就成了如胶似漆的伴侣，一壶纳天地，茶中万千味。与紫砂同根同源的阳羡茶在茶叶的新定义时代，依旧是天然如故，茗香不减。明清时期的阳羡茶被称为岕茶。岕，意为介于两山之间的溪涧地带。所谓岕茶就是生长在溪山中的茶。此茶，常年在宜兴的修林茂竹间吐纳生息，集

萃天地之精华，流淌的山泉水洗漱着它的根叶，乃是钟灵毓秀的尤物。在制作工艺上，岕茶虽为片茶，却不趋炒青大流，而保存着用甑来蒸煮杀青的古法，最大程度保留了原叶的鲜活。据《岕茶汇钞》中对岕茶描述："贮壶良久，其色如玉，犹嫩绿。"这一时期关于岕茶的茶书纷至沓来，岕茶可称作中国历史上拥有专著最多的名茶，其中影响较大的有周高起的《洞山岕茶系》和熊明遇的《罗岕茶疏》，岕茶的名气愈传愈振，有江南第一茶之称。唐伯虎爱饮岕茶，兴之所至，作《咏阳羡岕茶》，其中云"清明争插西河柳，谷雨初来罗岕茶。"祝枝山品岕茶后作诗曰："潇洒夜雨来窗外，岕谷秋云起座前。"离不开茶的除了诗情还有画意，现藏于北京故宫博物院的《惠山茶会图》系文征明真迹。据《蔡羽序记》，正德十三年，文征明与好友蔡羽、王守、王宠等人至无锡惠山游览，品茗饮茶，吟诗唱和，十分相得，事后便创作了这幅作品。岕茶是阳羡茶的巅峰佳品，然而好茶不耐泡。由于成本高，制作复杂，岕茶的工艺在雍正年间便失传，阳羡茶从此步入了人走茶凉的衰落期。但是，换个角度来看，这种跌下神坛的境遇，反而惠及到了草根市井。清朝晚期，宜兴地区的大街小巷，茶馆林立，西大街有先春楼，东大街有步赢楼，夜市里还有热闹的凤阳楼。进了茶楼，丢下一个铜板，上来一碗好茶，棋局、戏台样样都是消遣的好物，任那似水的光景慢慢流过。从此，柴米油盐酱醋中又多了一味茶来收尾，这也许才是阳羡茶最佳的归位。

茶，可以被贡上皇庭，也可以坠入陋巷。无论怎么变，它都是一门工夫，来自同一棵树的叶子，历经不同的温度、湿度后，可以调制出千变万化的气味，但唯有香如故。当代的阳羡茶，根植于古法，去芜取菁，在绿茶和红茶的制作上毫无逊色。

淳于自然、质朴求真是当代宜兴茶人的理念，宜兴人对茶的热爱，是带着集体记忆的本能情感。他们的祖先将长久以来种茶、制茶、饮茶的习惯提升为一种和、静、怡、真的茶文化精神。漫步在这座被茶汤浸润了千百年的小城里，脚步不再匆匆。好水有灵性，好山建名寺，大觉寺里僧人们闻茶提神，领悟着禅茶一味的佛性；张公洞里流传着张天师与张果老品茗论道的佳话。这里的一朝一夕都与茶有关，浓淡有时，浮沉亦有时，不能忘记的是那份从容与淡定。

中国茶从早期的简单到复杂，到一种宗教的礼仪，到皇家的贡品，再到现在我们一种简单的思绪的放松，这个过程是漫长的。茶叶，这一路走来，生命历经枯萎，重生，最终绽放于世人的味蕾，滑入喉头，余香唇齿。得闲可来宜兴，采下一片阳羡叶，冲泡一口适合自己的好茶，开始一段自我的修行。

中国宜兴陶瓷博物馆

这是江南的一座古城，天目山的余脉与太湖在这里相会，苏、浙、皖三省在这里交融。这里有一万多年的人类居住史，有七千余年的制陶史，有两千年的建县史，有一千多年的贡茶史，还有五百多年均陶和紫砂的发展史。

宜兴，中国历史文化名城，人们心目中的陶都。

宜兴城南的丁蜀镇是宜兴陶瓷业的重镇。走在丁蜀的大街小巷，满目都是那泥土与火焰交织出的神奇：圆的、方的；红的、青的……直叫人目不暇接、爱不释手。

如果说宜兴是一个陶的世界，是一个瓷的海洋，那么，设在丁蜀镇的中国宜兴陶瓷博物馆便是我们认识这个世界、了解这片海洋的一个神奇窗口，一座华美殿堂。

博物馆依山而建，占地面积四万平方米，展厅面积近三千平方米。四周长廊迂回，林木扶疏，小桥流水，翠竹摇影，好一派江南园林美景。主体建筑为绿色琉璃封顶，耸立在陡峭的台阶顶端，更显巍峨挺拔。博物馆整体建筑主副对称、中规中矩，看上去有些庄严肃穆，显现 20 世纪七、八十年代的建筑设计遗风。

中国宜兴陶瓷博物馆的前身是江苏宜兴陶瓷公司在丁蜀镇设立的陶瓷产品陈列室。1978 年，在现址征地一万八千平方米，动工建造了新的陶瓷陈列馆，1983 年 1 月 1 日正式对外开放。1991 年，扩建陶瓷陈列馆，并于当年更名为中国宜兴陶瓷博物馆，成为宜兴历史上的第一座博物馆，原全国人大常委会副委员长彭冲为博物馆题写了馆名。

紫泥类

目前，中国宜兴陶瓷博物馆设有四个展馆：古代陶瓷馆、名人名作馆、世界陶瓷馆和五朵金花馆，共计 17 个展厅以及 2 个多功能厅，并配套设置了 48 间陶艺工作室，另外还设有陶瓷文化研究院、紫砂文化研究院和陶艺交流中心。中国宜兴陶瓷博物馆集展示、研究、传播、保护和陶艺交流于一体，是国内规模和影响较大的专业陶瓷博物馆，在国际上也享有一定的声誉。

中国宜兴陶瓷博物馆的藏品数量近万件，其中馆藏国家一级文物 9 件、二级文物 41 件、三级文物 57 件，常年陈列 2000 余件展品。藏品门类涵盖距今七千多年的夹砂古陶器、商周时期的原始青瓷、战国时期的印纹陶、汉代的釉陶、两晋的青瓷、宋元的均陶、明清的紫砂、当代的美彩陶和国内其他陶瓷产区的代表作品以及 30 多个国家、地区的现代陶艺作品。

陶和瓷分属两种物质，它们最主要的区别是原料不同。陶器是由陶土制作的；瓷器是由瓷土制作的，其矿物质成分和化学成分都不相同。制作工艺上，陶和瓷的烧制方式也有所不同。而从发展史来看，陶已有一万多年的历史，而瓷只有两三千年的历史。

据考证，七千多年前的新石器时期中叶，宜兴的先民们就开始从事农业耕作和制作陶器。到汉代时，宜兴已成为江南的制陶中心，烧造釉陶、灰陶和红陶；两晋时期青瓷生产颇具规模，成为青瓷主要产地之一，窑址达十六处；宋代宜兴陶瓷的生产区域集中在以丁蜀为中心的太湖西岸；到了明清的时候，陶瓷生产规模扩大，“家家捶泥声、户户制陶忙”。数千年来，宜兴的制陶史从未中断，生产技艺日益精湛，誉享海内外。

历代艺人巧夺天工的制陶技艺流传至今，成就了让宜兴人引以为荣的五大陶瓷品种。紫砂陶、均陶、青瓷、精陶和美彩陶，犹如五朵金花，让这座被誉为东方明珠、陶都之光的中国宜兴陶瓷博物馆，更是魅力无穷。

宜兴精陶是 20 世纪 60 年代初发展的陶瓷新品种，兼有陶和瓷的特点，堪称陶中精品。

精陶制品呈色稳定，和谐悦目，具有较好的耐冷热激变性能和较高的抗冲击强度。精陶产品以成套餐具、茶具、咖啡具为主，还有盘、瓶、文具等陈设实用工艺品。其中的精炻器产品更具特色，造型简练，装饰明快，材质优异。

宜兴美彩陶，也称宜兴美术陶瓷，或称宜兴彩釉细陶，它是在传统工艺的基础上发展起来的一朵陶瓷艺术新葩。宜兴美彩陶属于陈设艺术陶瓷，以雕塑、花瓶、灯具、壁画和其他实用工艺品为主，釉色丰富，装饰绚丽典雅，具有较高的欣赏价值和实用功能。

宜兴均陶，是一种均釉陶器，又称宜均。宋代就以独特的制作工艺、端庄的造型和富有个性的釉色著称于世。到了明代，欧子明的欧窑独树一帜，烧制的瓶、钵、盂、盆等产品形制端重，釉彩绚丽。清代乾、嘉时期，葛明祥、葛源祥兄弟继承“欧窑”传统特色，不断创新，在陶器上配以堆花图案和均釉装饰，有着“夕阳紫翠忽成岚”的雅韵，世人称之为葛窑。

宜兴历代的陶工名匠充分发挥聪明才智，采用当地蕴藏量丰富的甲泥、嫩泥和白泥等原料为陶土配制品；在成型技法上运用泥条盘筑或泥片镶接，这在中国乃至全世界陶瓷历史上也是一个创举，为人类文明增添了浓墨重彩的一笔。

宜兴均陶美在釉色。大多用天青、天蓝和云豆色，也有葡萄紫，还有越窑的甜白和淡青两色。其中的灰蓝釉最为珍贵，“灰中有蓝晕，艳若蝴蝶花”就是对它的赞美。各色陶釉在高温下窑变、

流窜、交融、聚散，呈现出五彩缤纷的艺术效果。

卓绝的堆花技能，是宜兴均陶另一个显著的文化特征。堆花作为均陶所独有的装饰手段，经受了时间的考验，自成一格，独步千秋。堆花原称帖花，用不同于坯体色泽的泥料，黏贴在陶器表面，装饰图案都是民间普遍喜欢的题材。

“拇指堆出大景致，竹尖点出龙虎睛”，堆花艺人精于书画、精于技法、精于专业工具的创制，使堆花装饰的陶器端庄高雅，韵致清绝，体现出艺人多姿多彩的生活情趣和不凡的聪明才智。

今天的均陶技艺人员在传承中弘扬，借鉴木刻、砖雕、石雕、玉器、漆器、青铜器等其他民间工艺的表现手法，创造出半浮雕堆贴法、立体浮雕堆贴等新的堆花技法，展现时代精神和现代意识，赋予均陶新的文化内涵。

宜兴青瓷始于西周，到了两晋时期，烧造技术已相当纯熟。隋唐时，工艺日益精细，品种逐渐增多，产量也相应增加。但到了北宋初期，宜兴青瓷断代了，从此销声匿迹。

在沉寂了千年以后，直到 20 世纪 60 年代，宜兴青瓷才重新兴起。经过了 20 多年的发展，宜兴青瓷从挖掘、继承到研制，一步步走向成熟，直至炉火纯青的境界。在这样的境界里，宜兴青瓷升华为碧玉。2011 年，宜兴青瓷被列入江苏省非物质文化遗产名录。

紫砂陶器是一种由质地细腻、含铁量高的特殊陶土制成的无釉细陶器。紫砂陶器初创于宋代，明朝中叶以后开始盛行，一直延续至今。宜兴之所以能够成为我国紫砂陶器的发源地和制作中心，凭借的是天时地利。

中国宜兴紫砂博物馆馆长周小东告诉我们，宜兴地区是南宋时的主战场之一。由于战争，一些陶艺就慢慢地转移到了丁蜀镇一带。丁蜀镇有一座宝山，叫黄龙山，遍山都是制作陶瓷的矿土原料。于是，到了明代，人们就地取材，开始在这里取土取矿制陶。后

来人们又发现，在黄龙山的地层矿层当中，夹着一层很特殊的矿土。一些陶工就把这种特殊颜色的矿土，单独制陶。这样，一个新的陶瓷品种出现了——紫砂。

宜兴处于亚热带，四季分明，气候宜人，地下蕴藏着一种得天独厚的土，当地人称它为富贵土，或五色土。称其“五色土”，寄托了宜兴人对这种泥土的一种特殊感情。实际上这种土有紫、绿、红三种颜色，统称为紫砂泥。

紫砂泥是一种特殊的矿土，是矿层中间的一个夹层，它的厚度一般是十几厘米到五十厘米左右，薄薄的一层。紫砂泥含铁量特别高，一般要达到 8% 左右，所以它的颜色比较深。紫砂泥的成矿期，也就是说它在地下，已经沉积了两亿五千万年到三亿年之间。

从矿层中开采出的泥，俗称生泥。生泥要经过风化、粉崌碎、过筛等工序，再放到阴凉处进行“陈腐”。陈腐的过程很漫长，至少要几年的时间。陈腐完成后，再经过锤炼，才能达到理想的可塑性。这时的泥称为熟泥。

紫砂壶最妙的是纯手工的捏拍镶刮工艺，将钮、盖、腹、把、嘴、足等，分别镶制而成，其中蕴藉着制陶人的心绪、气息与文心。这一件件美轮美奂、精湛绝伦的艺术珍品，正是大师们的理念和智慧，与紫砂泥的那种特殊的可塑性相融、相切的完美结晶。

说起紫砂工艺，周小东馆长一脸的自豪和骄傲：打泥片、镶泥片、刮深桶、上嘴、上把……，这是世界上独一无二的制作技艺，每个步骤都像是在跳舞、在唱歌。就像写诗一样，行云流水。正是这样一道美丽的风景，让宜兴的紫砂走向了世界，成为了世界非物质文化遗产。

宜兴紫砂历史的发展，与一代代大师的传承创造是分不开的。

从明清开始，以时大彬、陈鸣远等为首的大师们开创了紫砂艺术精品的先河。到了近现代，以顾景舟、蒋蓉、徐秀棠、徐汉棠、裴石民、王寅春、何道洪、李昌鸿、顾绍培、汪寅仙、咸仲英等为代表的新一代大师们也是各自身怀绝技，对现代紫砂文化发展到又一个高峰，起到了不可替代的作用。紫砂事业发展到当代，宜兴丁蜀镇几乎全民做壶，更是能人迭出。

紫砂陶器不只是以型貌取悦于人，它最主要的功能，与人们的日常生活息息相关。紫砂壶，就是因茶而生，因茶而兴，因茶而盛。

“茶壶以砂者为上，盖既不夺香，又无熟汤气。”这是古人对紫砂壶的赞美。作为饮茶的器具，紫砂壶不只是一个简单的泡茶容器，在它的蕴藉下，茶和水所焕发出的那种奇妙气质，让人不得不为之赞叹。

紫砂是有生命的，它是会呼吸的。周小东馆长介绍说，把烧成后的紫砂打碎，它的断裂面在八百倍的显微镜下，能看到里面有一颗一颗的颗粒，这些颗粒叫团粒。团粒无规则地排列，有大有小，这样的团粒之间就有大大小小的缝隙。由于大量的团粒存在，里面形成了很多不规则的气孔，而这些气孔是开放的。这样，紫砂就有了独特的透气性，成为一种会呼吸的生灵。

紫砂造型多样，有方壶、圆壶。从器型上分，有石瓢、僧帽、掇球、水平、西施、鱼化龙等传统器型，还有经后人不断创新的新器型。除了造型之外，紫砂还可以有许多装饰，可以堆龙、泥塑、镌刻、上釉彩；壶身还绘有金石、书画，其中不乏有大师之作。这一切随着紫砂壶而流传到有缘人的手中，让人们在品茶之中摩挲把玩，品的是茶，品的更是壶上刻画的意境。

宜兴就是这样一片让人眷恋的土地。这里的泥土，这儿的火焰，无论怎样交织，总能创造出令人赞叹的东方神奇。在这片土地上，五朵金花，总有一朵会让你流连忘返。

苏州桃花坞木刻年画博物馆

五百多年前，这里在唐寅笔下被描绘成“花开烂漫满村坞，风烟酷似桃源古。千林映日莺乱啼，万树围春燕双舞”。二百多年前的一个除夕佳节，这里遍布年画铺子。寻常百姓，买了张《门神春牛图》，喜滋滋地盼个来年好兆头，大户人家请回了《神荼郁垒》，为的是镇宅守业，儒生乡绅把那戏文故事贴成一套屏条，惹来了谈笑风生。两段追溯，牵引出此地的双生身，一乃桃花坞，二则年画也，两者合一，便是桃花坞年画，一个带着记忆的生命。

中国的木板年画有四个地区：苏州的桃花坞，天津的杨柳青，山东的潍坊，四川的绵竹。以木版印刷为主体的为苏州，以木版印刷加手绘的为天津，这样就形成了中国年画的最根本区别。南桃北柳，两大年画中心，说的就是桃花坞和杨柳青。

如今的桃花坞大街只是苏州城北一条极不显眼的街道，很难想象曾经的桃花映人红，不知何处去了，除了桃花，还有俏比花美的年画。

也许，苏州这座城太过婉约，她的风韵存在于半卷湘帘中，只等着后人来窥。桃花坞年画这种秀逸之物，当然也要人耐着性子来寻，终于，在街的尽头，一座清幽幽的园子在绿荫掩映间显山露水。它叫朴园，一座民国建筑，是这座古老城市最年轻的园林。70 多年间，朴园几易其主，历经风雨，终于在 2006 年迎来了它的新主人，桃花坞木刻年画博物馆。

杜洋是桃花坞木刻年画博物馆的传习人之一，她介绍说，建馆之初，钱瑛女士捐赠了 200 多幅作品，苏州市图书馆也捐赠了 200 多幅，再加上这些年在民间收集和新人创作入选的作品，现在馆里藏品大概有 500 余幅，套版有一两百套。不久后，她们还会在这里建一个新的版画基地，届时会有更多的优秀作品和更加生动的体验活动向公众开放。

细雨绵绵不休，园子里的博物馆也更显静谧，除了二楼的实景展示区偶有团队观摩，楼下的年画工作室就像是留在旧时光里的深闺，住着深谙古艺技法的美人。乔兰蓉是一名年轻的年画传习人，从事年画制作 8 年有余，参与过姑苏版《一团和气》和《麻姑献寿》的复制工作，看似单调的年画工序，却是她心中长开不衰的东方之花。

乔兰蓉和杜洋一样，都是桃花坞木刻年画博物馆的传习人，她对年画的制作工艺可谓了如指掌，她总结出桃花坞木刻年画的工艺一共是三步：画、刻、印。从画开始，首先要起稿，稿子分成两种，一是复制，一是创作。复制就是根据已有的图样进行放大临摹，最大可能地接近原样，比如她创作的《麻姑献寿》，其实原样是小而模糊的，为了接近原作，她查阅了大量资料，参考相同时期的人物图案、用色习惯，最后重新画一张等比例的画作。画好后，还要把里面黑色的线条部分重新用宣纸勾一遍。勾好以后，再把这个黑色的线稿反贴到木板上，进行刻板。刻板是第二个工序，刻板分为刻线板和刻套版，线版就是只刻了轮廓的刻版，套版就是根据线版刻其他颜色的版，要求一个颜色刻一块版，这幅画有多少个颜色，就要刻多少块版。

刻法，有四种刀法，发刀、衬刀、挑刀和复刀。雕刻的工具刀叫拳刀，即一拳握住的意思，还有些辅助工具如小针凿、韭菜边、大弯凿等等。凿子的作用是根据线条和线条之间的宽度，选择合适的凿子把不要的部分铲掉。接下来，就是第三步印刷。一般会先印线版，再印颜色版，为了上色清楚，每一个版印两到三遍，这两到三遍要保证没有错位，一旦有重影就是次品。等所有的套色全部印完了以后，还有一步叫开相，比如说印了一个门神，全部印完后，要手工稍微在面部或其他部位加上两笔，让作品形象灵动起来。

精神生于道，形本生于精，万物以形相生。在形而上的古代哲学里，一张小小的年画无疑是形，在它之上的精与道则淹没在桃花坞氤氲萦绕的前世今生里，等着念念不忘的人来诉说。王祖德，桃花坞木刻年画代表性传承人，从事年画保护与创作 50 余载，对这门手艺有着深沉的情感。他说，苏州年画历史悠长，特别是到唐宋以后，苏州的雕版技术相当高，到明清时候达到高潮。木版年画就是运用雕版印刷的传统工艺来大批量印刷，满足普通百姓所需。

桃花坞木刻年画是雕版技术成熟后的产物，普遍认为诞生于明朝末年。这幅流传日本的木版年画《八仙献寿图》，有着万历二十五年的纪年款，因其风格、色彩均与桃花坞年画接近，所以多数学者将其视为目前存世最早的桃花坞年画。当时，苏州是国内重要的贸易港口，经济繁荣、文化发达，再加上苏州自身的吴文化底蕴，都为桃花坞年画的萌芽和成长提供了肥沃的土壤。

王祖德介绍说，在苏州城北有一条大街，叫桃花坞大街，古代这里集中了很多的手工艺人，有刺绣的，搞雕刻的，搞木版年画的，久而久之苏州的能工巧匠越来越多。特别是到了明代，江南的雕版印刷师傅都集中在桃花坞一带，这就为苏州木版年画的兴起，起了非常大的作用。

桃花坞，这个灼灼其华的名字，最早见于宋代范成大《阊门泛槎》中的“桃坞论今昔”之句。不过，让它名声大噪的当数明代唐寅的那首《桃花庵歌》：“桃花坞里桃花庵，桃花庵下桃花仙。桃花仙人种桃树，又摘桃花换酒钱。”诗书酒剑画，风流自在身，此时的唐寅功名未就，仕途夭折，但名士风度依旧，借着卖画所得，他购来桃花坞三间草房，取名为“桃花庵”，自号“桃花庵主”，伴此风光，偷闲余生，过起了嚣染绝尘的生活。

唐寅本想在此安心作画，不料把桃花坞的名气炒了起来，很多文人墨客前来拜访认师，为以后苏州的木版年画提供了大量的画稿素材。传说唐伯虎创作的《风流绝畅图》被印成木版画，曾风靡一时。文人画对桃花坞年画的影响显而易见，早期的桃花坞木版年画体现了秀雅清淡的风格，颜色朴素内敛，多以灰色、花青、赭石、藤黄为主，人物造型带有插画特点的书卷气，表现题材也侧重于风景花鸟类和戏曲神话类，代表作有《瑶池献寿图》《昭君出塞》《西厢记对屏》等，初现了桃花坞精细工整的特色。到了康雍乾三朝，桃花坞年画达到鼎盛，这一时期的桃花坞作品也被称为“姑苏版画”，精美程度令后人望尘莫及。历史类、戏文类、风俗类和仕女图是当时人们热衷的题材，尤其值得一提的是，出现了一批反映市貌街景的界画年画。界画即建筑画，表现苏州建筑最典型的一副作品叫《三百六十行》，也是《阊门图》，它展现了苏州老阊门一带的繁华景象，有大桥、亭台楼阁 、商铺街道等，线条明暗受到了欧洲素描的影响，是一幅中外交流的作品。

这幅雍正十二年宝绘轩主人所制的《姑苏阊门三百六十行》大对屏，以两幅开合的尺寸，展现了老阊门全景。左幅为《姑苏阊门图》，右幅为《三百六十行图》，相当于两幅中堂画的大小，场面宏大，借鉴了西洋的“仿泰西笔意”，层次丰富，细节分明，雕版之繁复，镂刻之巧妙，皆令人叹为观止，真实地刻画出清初苏州阊门一带的“茶社”“粮食店”“京苏杂货”“胭脂粉店”“酒肆瓦舍”等各种作坊和杂耍艺人，以及运河上舟楫相接，桥上官民往来如梭之景象。相同题材的还有《姑苏万年桥》《姑苏玄妙观》《姑苏报恩进香》《百子图》《西湖胜景图》《岁朝图》等表现江南风景名胜的作品。年画成了姑苏城的风情画，如今，玄妙观里香火如故，报恩寺塔也依旧是九级浮屠，八面玲珑。画里画外，今夕何夕，不变的是桃花坞年画对苏州的情怀。

明清是苏州桃花坞年画的高速发展时期，木版数量多，雕刻相当精细，尺寸也大型化，一般都要 1 米多宽，有些达到了 2 米多宽，2 米多高，风格上也凸显工整细腻的特质。

1988 年，在日本与中国合办的“中国古代版画”展上，出现了一幅叫《和合致祥 · 一团和气》的清雍正时期的版画。这幅已经流失海外多年的珍贵画作，就是姑苏版桃花坞的代表作之一。画幅中，人物服饰花纹丰富而细密，上衣以“祥云纹”衬底，缀以“大团花”“小散花”铺面，花型工整，“如意形”披肩排花有序；裙腰满铺“龟背纹”，裤子则以“卍（万）纹”为底，面缀小型团花，即使人物鞋面细部，同样饰有精细花纹；人物上端装饰题额“和合致祥”，冰梅图案周边缀“回纹”，并有“宝相缠枝纹”等，由此更加烘托画面富丽端庄，主题鲜明。桃花坞年画博物馆建馆之初，便把复制这幅海外遗珠作为一项重要任务，这也是中华人民共和国成立以来，苏州首次尝试复制桃花坞木刻年画巅峰期的代表作品。

王祖德骄傲地描述起《一团和气》的复制过程。他说，这幅作品有 1 米多高，60 厘米宽。复制它花了 26 块版子，每一块都要精雕细琢。经过近 3 年的时间，《一团和气》终于在桃花坞年画博物馆里重现经典。作品的线版复杂而多变，诸套版更是精雕细琢，不容丝毫偏差瑕疵，甚至连人物牙齿都要刻画得清晰可见，充分再现了明清年画刻版独特的魅力。

康乾盛世催化了多种艺术形式的成熟，但是随着封建王朝的没落，桃花坞年画也不可幸免地蜕变。清朝末期的桃花坞作品无论是题材还是风格，都较之前有了很大的变化。门神和历画这些盛世时非主流的年画题材在这时大行其道起来，原先带有吴门画风的典雅风格也渐趋简单粗犷，更富有了装饰趣味。

《三星图》《天官赐福》《麒麟送子》《龙凤呈祥》《花开富贵》，每一幅都传达着吉祥如意、祈福避邪的美好寓意。在那个经济衰退，危机四伏的社会，老百姓正是需要这些红红火火的大色块来粉饰太平，聊以慰藉。

贴年画是有讲究的，王祖德介绍说，老百姓在大门贴上武将，比如挂上神荼、郁垒来把门护院，在房门上不能用大胡子的男士站在那，而是挂上一个女的，麒麟送子，比较柔和一点的题材。后门很有趣地站着个钟馗，钟馗是抓小鬼的，钟馗站在后门，小鬼就不会进来了，家庭安详。东面的门贴着金鸡报晓，西面的门贴猫，猫抓耗子。试想，前面有武将，后面有钟馗，房门又是麒麟送子和和睦睦的，东面有鸡迎着光明，西面有猫抓耗子，这家在一个很和睦的气氛里。

挂年画贴中堂是苏州的民俗，这年画一贴就是一年，家家都想从年头喜庆到年尾。但是，热闹总会归于平淡，再喜庆的色彩也会褪色。年画在那个动荡的年岁里，只是飘零一叶，随波逐流。

太平天国时期，清朝政府为了镇压苏州城内的忠王李秀成，派清兵把整个苏州城包围起来，在山塘街一带放了一场大火，烧了整整七天七夜。山塘街的木刻年画基地也随之毁于一旦。

山塘街和桃花坞本是苏州一脉相承的两个年画基地，山塘气数尽了，桃坞虽然独大，却也伤了元气，大部分艺人为了避祸而辗转下乡，他们受到成本和市场的限制，鲜有创新佳作出现。但值得一提的是，这时，还有一部分年画艺人从苏州流散到上海，他们在海派文化的熏陶下，为古老的桃花坞技艺添加了富有时代感的元素。最具代表的是这幅《洋灯美人》图，人物还是传统的仕女造型，表现的内容也是琴棋书画的风雅之事，只是美人上方悬挂的几盏洋灯，不言而喻地交代了传统手工与工业文明在近代的博弈与融合。几番较量后，温热的双手终归败给了冰冷的机械，年画作坊在批量生产的印刷品面前，亦日渐式微。苏州的木版年画作坊从明清时的 100 多家锐减到中华人民共和国成立后仅剩下的 3 家。

后来政府部门把这 3 家作坊合并起来，组建成苏州桃花坞木刻年画社，年画社在新时期创作了一批反映水乡风俗和民间劳作的年画，画风较之传统年画更加清新秀丽，贴近生活。

时间改变了审美，传统的桃花坞年画从家家户户过年的必备品，变成了艺术品。但至少，它还在以一种恬淡的姿态存在着，还有人在为它坚守着。乔兰蓉介绍说，现在博物馆里有两个工作室，一个专门复制老年画，精品年画，以传承为职责；还有一个工作室就是创作一些新年画，打破老年画固定的题材，追求一些个性化的内容。《午后系列》是乔兰蓉的新作，她运用桃花坞技法，再现了六月、七月、八月江南夏日的场景。粉墙黛瓦，花窗竹帘，红了樱桃，绿了芭蕉，一股清新素雅的水墨风韵迎面扑来。年画不单单是一种环境的点缀，更是一种情绪的表达。

桃之夭夭，有蕡其实。这群把最好的年龄献给了年画的人，是这片桃林的仆人，也是主人。他们相信年华不会辜负年画，就像桃花谢后会有桃果一样。

南通蓝印花布博物馆

蓝，白。清澈而素雅地在风中飘荡，它轻轻地拂过风尘，默默地浸润着煦阳，自然而然地盈满了天空，在大地上落下一道道倏忽不定的影子。那立在影中的聘婷女子，分明也是一身蓝白，徜徉穿梭于这蓝底白花的布幔之间，犹如旧油画里的江南暖梦，给醒着的人送来了清新之气、自由之气、欣欣向荣之气。

此等气质，正是当代艺术大师张仃先生20世纪90年代在工艺美院讲课时，提到蓝印花布而发出的感慨。当时听课的进修生中，有一名叫吴元新的南通人，他已经从事蓝花布印染20年，听到恩师对这门工艺的赞许，他更加坚定了心中的信念。回到南通后的第二年秋，他的蓝印花布博物馆悄然开张，从此，吴元新的一切都与这座私人博物馆牢牢地牵绊在一起。

吴元新馆长回忆起刚建馆的那段时光仍感慨万千。他说，那是1996年11月28日，他租借了南通纺织博物馆的一个古老的染坊，蓝印花布博物馆就挂牌开馆了。经过十多年的运营，当初的小染坊已经发展成集收藏、研究、传承、创新、展示于一体的专业博物馆。

蓝印花布之于南通，就如青花瓷之于景德镇，都是天青蓝与月下白的缠绵悱恻。一个是炉火纯青中泥土的重生之魂，一个是水沫涤荡后棉草的交融之灵。所以，冥冥之中，南通就应该有一座这样的博物馆，安静地立于古老的濠河畔，竹影扫阶，绿水萦绕，闹中取静，静中得雅。

这座博物馆以蓝印花布收集为主，目前馆里已经收藏展品两万六千多件，印花纹样十万多种。同时吴馆长还收集了一些其他的印染制品，比如蓝印花布的前身即夹染，还有绞缬扎染，蜡缬蜡染，民间彩印花布等。

可以说中华三千年来的传统印染，在这里都能寻获踪影。

蓝印花布，就是以前的老土布，老一辈的南通人对它再熟知不过了，家家户户都用过，有些人家还会自己印染。那时候，物质匮乏，思想保守，蓝印花布色牢耐用的质地，古朴沉稳的色泽，还有渗入纤维的淡淡蓝靛草香，都与乡野山间的自然气息相呼应。于是，这种蓝白色调裹进了百姓生活的里里外外，填充起旧时光里温饱和审美的满足感。

蓝印花布能够在乡野扎根有着其与生俱来的特性，吴馆长介绍说，蓝草种植很方便，而且蓝色相对于其他色的植物染料更耐劳耐脏。它既好种植，又好发展，又好普及，是农耕文化的产物。

碧水蓝天，白日昭昭，原始的蓝白之色，发迹于自然。《诗经 · 小雅》中有“终朝采蓝，不盈一襜”之句，这里的蓝，说文解释为“染青草也”。我国利用蓝草染布的技艺由来已久，《齐民要术》《本草纲目》都曾有记载。南通古时盛产蓼蓝，清《光绪通州志》对此地的制靛之法这样描述："种蓝成毗，五月刈，曰头蓝，六七月再刈，曰二蓝。甓一池汲水浸之，入石灰搅千下，庳去水即成靛。”深藏在染缸里微妙裂变，没人能说清道明，但从这缸中发酵出的物质却有着稳定而强大的染色力。荀子就曾目睹了白布下染缸后，由黄变绿，由绿变蓝，最后呈现青色的过程，发出“青，出于蓝，而青于蓝”的感叹，传统手工艺的妙处正在于此。

青青子衿，悠悠我心。古人称呼民间的“蓝色”为“青”。青白布，清白身，二八佳人一袭蓝底白花衣，襟袖玲珑，裙腰窈窕，低眉浅笑间最是无暇灵动之美。又因着“青”与“亲”音似，待到女眷出闺阁，郎君骑高马之日，象征着亲亲爱爱、吉祥如意的蓝印花布也舒展开来，合欢褥、龙凤被、鸳鸯枕、喜梅帐，蓝白两色将喜庆装点的恰到好处，不招摇，也不深沉，只有细水长流的隽永，与那旧俗的空气凝结为一体，投影出南通地域的乡景乡情。

谈到蓝印花布在生活中的运用和寓意，吴元新开始滔滔不绝。他说，他一生下来，包裹他的襁褓布那就是蓝印花布。蓝印花布的纹样都是长命富贵、吉庆有余的寓意，祝愿新生儿健康成长。到了该呱呱学语的时候，小孩会戴上一个肚兜，无论夏天还是冬天能够保佑他不受蚊虫的叮咬。到了上学的时候，家人会给孩子准备状元及第的被面，望子成龙，勇夺魁首。到佳偶成婚，洞房花烛，就要盖上麒麟送子、和合二仙、狮子滚绣球的被面，祝福新人幸福美满，早生贵子。人老了以后，子女会为老人盖上福寿双全、鹤鹿同春的被面，期望父母有福有寿。

一块平铺的蓝印布，不如锦缎华丽，不如丝绸秀逸，它是平淡无奇的。如若，把它裁剪一番，做成平常什物，那蓝白之间就俏皮可爱起来，有了不可替代的生命韵味。铺洒在包袱、桌布上，延绵在被盖、帐檐里，流淌于衣裙、头巾间，和这土地上的生生息息、朝朝暮暮严丝合缝地对接起来，以时间作为针脚，经纬交织，留下一条可追溯的线迹。

中国的传统印染技术有三千年的历史，夹缬是蓝印花布漏浆防染技术的前身，它出现于唐代，是用木版镂刻出图案，然后把布匹夹在两块木版间进行染色的方法，在宋朝时被广泛地运用于宫廷和朝野的服饰，具有等级特权印记，因此朝廷曾多次禁止民间雕刻夹缬花版及使用染缬，甚至百姓贩卖缬版都要被治罪。夹缬从此被边缘化，至今汉族地区仅江浙闽的个别地方保留下了这门古老的印染技艺。但风尘处处染素衣，官府挟制了民间印染的自由，手艺人却在夹缝中求得了新生。

印染世家出身的吴元新介绍说，在木质花版被禁用的情况下，劳动人民发明了桐油纸花版，雕刻简单，成本低廉，纹样丰富，在防染浆上面，也由原先的蜡改良成黄豆粉与石灰粉的调和剂，于是漏浆防染技术应运而生，这一技术的运用，也使得印染大尺寸纹样的蓝印花布成为可能。这套印染流程成为蓝印花布批量生产的技术支撑，一直被后人沿用。

现在蓝印花布博物馆依然沿袭着传统的方法来织布染布。一块蓝印花布的诞生要经过刻花版、上油、刮浆、染色、刮灰、清洗、晾晒等工序。刻花版就是将设计好的纹样镂刻在油纸板上，用刻刀和铳子在纸上作画的过程。由于受到材质的限制，镂刻花版时一般都采用断刀的技法，线条朴拙硬朗，具有金石之气，看似残缺顿挫，却能够达到笔断意连的境界，高超的刻版艺人抓住这一特点，创作出了众多以意写实，淳朴雅致，极具表现力的图案纹样。这些纹样生动地表现出人物、动物、植物等题材，加以抽象活泼的几何图案点缀，构成了层次分明、布局清晰的框架图。雕琢后的花版需要刷熟桐油来进一步加固，最后晾干压平，分类保存，刮浆时可以直接使用。

刮浆，就是把花版放在白布上，用刮刀把防染浆刷入花纹空隙里，让纹样漏浆在布上，以至染色时不被上色。刮浆用力要均匀，花型拼接时对版要准确，排版要自如。上浆后的坯布还需要阴干两天，待灰浆风干后，才可以染色。

染缸水是蓝印花布的生命之源，染缸人也是染坊中受尊敬的艺人。青缸的养护是一门技术活，染缸人每

天都要舀起缸中苗水，凭经验判别颜色大小，靠阅历来调整灰、酒比例，待缸水成熟后方可汇入染水池中。染色前，要先把刮上浆的布松开，放在水中浸泡，直至布浸湿到浆料发软后，才好下缸染色。布下缸 30 分钟后要取出氧化，并不断转动布面使其氧化均匀，如此反复 8 到 10 次才算上色。染色是个工夫活，一块布往往要染上一天，以前民间就有天亮染色，中午出缸，下午晾晒，晚上刮浆的说法。

刮浆也叫刮灰。艺人用刮灰刀倾斜 45° 刮去上色布的防染浆，刮浆的力度要适中，不能刮坏棉布。染好的布去了浅浮灰浆，密封处露出本色，蓝白斑斓，分明跃出。灰浆块大的地方，灰层在染色的卷动中自然裂开，蓝靛随着裂缝渗透到坯布上，留下了人工无法描绘的自然纹理，这叫做冰裂纹。冰裂纹带着手艺人的情感，是蓝印花布艺术的灵魂。

蓝印花布是淘洗出来的美，它不断地在染料中间，在水中间淘洗，这样才能蓝白分明。院子里，高高的天篷架上，飘动着新染成的布匹。淡雅的植物清香与温煦的阳光细细渗透那些棉布纹理。大块大块的蓝白花色，让人心神安宁，思绪和畅。对于很多颜色来说，时间的累积只能增加磨损，令它们显得衰败和不堪。而蓝色却恰恰相反，它越旧越美，风吹雨打后，显露出洗尽铅华的清丽脱俗，往日悠悠，来日亦悠悠。

蓝印花布宋代起源以后，以印在麻上为主，直到元代，黄道婆从海南黎州把棉花纺织技艺带到江南，蓝印花布才迎来衣被天下的时代。到了明清时期，蓝印花布的印制达到一个高潮，全国 90% 以上的汉族地区都有蓝印花布，所以蓝印花布是流传时间最长，流传面最广的一种民间印染技艺。

南通地处长江三角洲的北侧，濒江临海，气候温湿，适合种植棉花，栽培蓼蓝。明朝中后期，江南移民将纺棉和印蓝技艺带到江北，恰与这片土壤相宜相生。一时间南通的纺织业遍地开花，家家能织布，户户可纺纱。紧跟其后的便是蓝花布印染的兴盛，当时最常见的就是印花担队伍，这些花担艺人大多是农民，农忙时务农，农闲时挑起担子上门做起染布生意。他们为了争取主顾，不断增加纹样内容，如若设计了一幅新花版，便可走街串巷红火一阵子。更有规模做大的，就自立门户开起了染坊，接受大批量订单。到明清之际，南通的蓝印花布已经蔚为大观。

明代的蓝印花布简洁，而清代的蓝印花布则繁琐，一块布上基本铺满了图案，有一点空当都要加上小花小草，这叫补花。清代的纹样有些图案画的形式，上下对称，左右对称，风格浓烈，排版成熟，更符合蓝印花布花版的特点，一直沿袭到民国初年。

蓝印花布在南通人手中一代又一代的流传下来，保存着祖辈的智慧和亲人的温情。2006 年，“南通蓝印花布印染技艺”被国务院公布、文化部列为首批国家级非物质文化遗产保护名录。同年，中国民间文艺家协会授予南通为“中国蓝印花布之乡”的美誉。在吴元新的蓝印花布博物馆里，既能看到明清的老布，也能看到当代的新作，这些都是他一件一件收集来的。由于场馆有限，大部分藏品都成捆成捆地堆叠起来，整整摆满了一面墙，好似一摞摞的棉布档案，默默记录着这个南通人为蓝痴迷的旅途，他说这路还很长。

吴元新最近的主要工作，仍以收藏研究为主。因为蓝印花布有一种特殊的现象，最后拥有它们的一批老人，基本上都是在 20 世纪二三十年代出生，四五十年代出嫁的人，现在都已八九十岁了。他们手上可能还遗留的一部分蓝印花布，如果再不及时收集，三五年以后， 这些布质用品恐怕就会随着

老人们入土下葬。所以吴元新要抓住这个收藏的最后黄金时代，能多收到一件就是一件，不让艺术珍品消失在民间。

吴灵姝，是吴元新的独女。在父亲的耳濡目染下，她从中国艺术研究院毕业后，也从事起蓝印花布的工作。她以年轻人的眼光来欣赏它，以现代人的灵感来把玩它，让古艺奇葩愈加馥郁芬芳。吴灵姝对蓝印花布有自己独特的见解，她说，以前蓝印花布都是蓝白两个颜色，而墨分五色，其实蓝也有很多种，她现在就把蓝印花布印出很多的层次，比如她设计出来的一些包袋，用深蓝浅蓝去相拼，更受现代人喜爱。

蓝印花布，犹如落入凡尘的一株草木，于无声处绽放花容。吴元新这样的护花之人为此代代相继，只为养活那股自然天成的气质，让蓝白之花在岁月的土壤里长开不衰。

南通纺织博物馆

如果说中国纺织的历史是一条奔腾不息的河流，那地处长江出海口的南通仿佛就是这条河流里不可缺少的港湾。如果说，南通是近代工业文明的一个重要窗口，那打开这扇窗口的著名实业家张謇先生，无疑为故乡谱写了一段辉煌而又难忘的乐章。因此在南通这片土地上，在近代纺织工业的摇篮里，在张謇先生的故乡建这样一座博物馆也就在情理之中了。一座博物馆是历史的见证，也是岁月的沉淀。这座以纺织为特色的博物馆，开创了中国纺织专业博物馆的先河。在这片一万八千平方米的土地上，建起的南通纺织博物馆，不仅仅蕴含着深厚的文化底蕴，而且展现了独特的建筑风格。

1979 年 10 月，中国自然博物馆协会筹备会议在南通举行的时候，南通博物苑的专家提出了建设南通纺织博物馆的建议，受到了当时参会者的赞同。1980 年 3 月南通市政府批准筹建，1985 年 10 月 20 日，南通纺织博物馆正式开馆。1987 年，南通纺织博物馆第二期工程建设完成。建成后的纺织博物馆，呈现给人们的是一座“纺织大观园”的面貌，当时被列入了原纺工部的十二件大事之一，也是南通市的十大街景建筑之一。

馆园结合，馆中有园。南通纺织博物馆继承了张謇创办南通博物苑的传统特色，是一座园林化博物馆。主馆区有雕塑、壁画、水池、喷泉、假山、花窗点缀，气氛活跃；辅馆区有棉田、四季花卉、果木散布其中，一派鸟语花香。南通纺织博物馆有四个主要景区，主馆展区与工厂学院区，让你了解到中国悠久的纺织文明，农舍田园与通州一条街的复古建筑又让你体会着思古之幽情。

悠久的中国纺织历史文化，在室内展览与室外露天复原陈列中显得格外灿烂，与各种古典建筑、民俗建筑和近代建筑交相辉映，融为一体，更为光彩夺目。

南通纺织博物馆坚持以专业特色办馆，为提高陈列的知识性、趣味性，加强与观众的互动性，特设了手工扎染、纺纱、织布等演示项目，并配有专门的实习操作室，以满足中外游客尤其是广大青少年对了解优秀传统纺织文化的浓厚兴趣。

走进南通纺织博物馆，也就翻开了一部民族纺织工业的史书。展览厅里中国纺织史与南通纺织史的陈列仿佛向你诉说着那久远的纺织文明。中国原始的手工纺织可以追溯到远古至公元前 22 世纪。这个从山西大同许家窑出土的石球，就是最好的证明。也许你会疑惑，这石球能说明纺织的起源吗？根据考古发现，人类进入渔猎社会即已学会搓绳，这是纺纱的前奏。纺纱起源于搓绳，织布起源于编结。十万年以前的石球，一万八千年前的骨针， 七千年前的纺轮仿佛向你诉说着中国是纺织起源最早的国家。从殷商发展以来的提花技术到丁桥织机、花楼机、竹笼机又向你解释了我国古代手工织机的最高水平。这些见证中国纺织文明的文物十分珍贵 ，收藏也颇费周折。1986 年，南通纺织博物馆在国家文物局和省市文化主管部门的支持下，向全国征集了大量的纺织文物，他们的足迹跑遍了全国，从故宫博物院、中国历史博物馆，还有云南、贵州等少数民族地区征集了许许多多的纺织文物。

在博物馆里还收藏着传统手工纺织品，有历代的罗、锦、缎、绡、绸、丝毯花编和棉麻织品，而独具南通特色的土布，在清代以后品种也不断扩大。这一件件看似普通的藏品，在百年甘苦岁月和心血打磨之后更展现其人文价值。工具的简陋，方式的原始，折射出南通纺织女们对美和生活的创造。

南通地处长江出海口，东濒黄海，南临长江，是一块冲积平原，成陆时间自五千年前，先西北后东南而涨成。公元 958 年建城设州，命名为通州。最初多以煮海盐为业。宋元之际，棉花由江南传入，南通植棉业开始兴盛。明代成为棉产地向外输出。明末清初，南通地区几乎家家纺纱，户户织布，商品由棉花向棉纱、棉布发展。南通棉布近销苏浙皖鲁，远销东北三省，并向南洋外销。土布以外销地点的不同形成关庄、京庄、县庄、杭庄等名号，南通因之成为著名的土布之乡。

如果把纺织博物馆里深厚的文化底蕴看做是它的内在特点，那它被写进中国建筑史的独特建筑风格，可以说是博物馆外在的特点。在很多人的记忆中，也许草屋中的纺车，瓦房里的布机以及宅前的龙骨水车都是构成古代男耕女织文化的重要元素，为了生动再现农村的家家纺纱，户户织布的历史场景，博物馆建成了农舍田园景区，这里小道弯曲，农田齐整，果树多姿，房舍种种，不同民风的典型农家住宅，仿佛让你通过时间隧道返回那百年之前的乡村。

自明代起南通就是著名的棉产地。张謇先生于 20 世纪初兴办盐垦事业，从南通启东到盐城阜宁沿海地区出现了几十个具有资本主义性质的垦牧公司。数十万通海棉农纷纷迁徙黄海滩涂围垦造田，废灶兴垦。“滚地龙”是当年棉农住的简陋居房，整个建筑用海边生长的芦苇茅草捆束成半圆筒形屋棚伏盖于地。许多屋棚连接不断，像一条伏地蛟龙。草屋是过去通州地方常见的草顶土坯墙的农家住房。扑屋以麦秆草秫多重覆顶，冬暖夏凉。瓦屋则以青砖小瓦为特色，是较富裕的殷实之家。然而使你真正领略到主题的还是那些吱吱作响的纺纱机。纺纱机随着岁月的流逝已经成为一个时代、一段历史的印记，同时也让人们感受到了中国文化和纺织源远流长的关系。

当瓦特发明的蒸汽机带动英国工业革命的车轮，当洋枪洋炮撬开闭关锁国的大门的时候，张謇带着实业救国的梦想回到了故乡，他看到的只是南通的土布。怀着忧愤之情，张謇引进了中国第一代先进的纺纱机。

张謇在《大生纱厂第一次股东会之报告》中有这样的记载：“计此官机于光绪十九年鄂督在武昌认息借瑞记地亚士洋行所定。机至上海运鄂，鄂督调江，则又运江，江不能设，则又运沪。”

这批机器最初是张之洞 1893 年为筹备湖北纺纱官局，通过德商地亚士洋行向英国赫直灵登公司订购的。它们分批供货陆续运抵，直到 1895 年才交付完讫。湖北建造纱厂遇挫，机器也跟着张之洞的调任辗转挪运，一直未能派上用场，最后干脆搁在黄浦江边的芦席棚里整整沉睡了三年。很显然，这批久困沪上的官机，早就成为朝廷甩不出去的烫手货。偏偏张謇在南通设厂筹款罹尽磨难、百计俱穷，自己找上门来认领。几经周折，最后达成“绅领商办”的办法：将这批纱机对半分开，每起作价 25 万两银子，由张謇与盛宜怀分领办厂，官方只取官利股息，不介入厂务。

“上雨旁风，板腐箱裂，机件断烂者十之三四。”这批机器从定购始，前后延置五载，所耗银

两远远超过机器本金。

然而，正是这批曾经腾挪易地三处，前后闲置五载的破损官机，到了张謇手里，却用它们来圆了中国民族工业的世纪之梦。此后大生的迅速崛起隆兴，岂止倾动东南一隅，其辐射与影响可谓波及全国，瞩目世界，泽被后代。

张謇先生被《中国大百科全书》纺织卷称为“中国纺织工业和纺织教育的先驱”。张謇先生还是毛泽东主席称赞的“中国民族工业不能忘记的”四位杰出人物之一。1894 年中状元，授翰林院修撰。张謇青年时代就有强烈的爱国主义思想，中日甲午战争后，更使他痛感国势的衰弱、经济的落后和清政府的腐败。于是他立志兴办教育，振兴实业，认为这是“富强之大本”。

南通纺织博物馆业务部主任李宜群介绍说：“张謇，他是 1894 年中的状元，这个时候，他已经 42 岁了。在这之前，因为家境比较贫寒，他就在外游历，曾经给吴长庆做过幕僚，对民间的发展有切身的体会。他中状元之后没多长时间，他父亲就去世了，按照惯例，他要回乡守孝，叫‘丁忧’。正好 1894 年，甲午战争，中国战败，签订了《马关条约》，允许帝国主义在中国设厂。当时的有识之士就提出要自己设厂来挽回利权。”

1895 年底，张謇在家乡受时任两江总督张之洞委托，“总理通海一带商务”，在通州一带筹办纱厂。1896 年，他呈请两江总督转奏清政府立案，“拟在通州创办纱丝厂”。1899 年，纱厂正式开工，命名“大生纱厂”。大生，取《周易 · 系辞》中“天地之大德曰生”之义。

张謇创办了大生纱厂，开拓了近代民族纺织工业，为民族经济的发展做出了重大贡献。影响可谓遍及全国，恩泽于子孙后代。馆内的大生纺织工厂就是按照当年大生纱厂最早生产车间的原貌复原的。这里展示的纺织机械也是当年大生引进使用的原物。1914 年，不满足于现状的张謇，尝试着制造出自己的纺织机械。这无疑也是中国人自己仿制生产纺织机械最早的记录。可以说，大生纺织工厂的陈列，是我国最早的机械纺织工业的缩影。

或许我们无法想象，张謇创业的艰辛，只能从中国纺织第一张股票——大生机器纺织厂股票这一文物上，看到具有世界眼光的张謇，运用股份制这一现代资本筹集机制的大胆灵活。

从四幅厂儆图上，则又看到他对奸商欺诈行为的愤怒谴责。当时张謇授意作此画并亲笔题词，表明创业的艰难和大生纱厂创办时的重重困难，从一个侧面反映了近代中国民族资本主义企业在帝国主义和封建势力双重压迫中挣扎、成长的历程。

张謇当年提倡“父实业，母教育”，因此在办好纱厂等实业的同时，他对教育业同样倾注了心血。中国第一所高等纺织学校，南通大学纺织科的建成，不仅为纺织工业的发展提供了极为有利的条件，同时也带来了南通经济文化的繁荣，形成了被称为模范县的近代化城市。

这所学校最初始是 1912 年在唐闸成立的纺织染传习所，后来改为纺织专门学校，再后来就变成南通学院纺织科。“忠实不欺、力求精进”是办学之初张謇先生题写的校训，在校训的感召下，从这所学校走出的数千学子，为我国纺织工业的发展作出了重大贡献。

有一些故事没有随着岁月的流逝而淡忘，有一段历史不会经过时间的洗涤而消散，在这座纺织大观园里，有着远古的纺织文化底蕴，也记载着近代工业文明的辉煌。中国第一代纺织机械、第一张股票、第一所纺织学校，正是这许许多多的第一，构成了这座博物馆独特的气质。

南通纺织博物馆收藏的“大生纺织系统老印章”汇集了自 1896 年大生纱厂创办以来，至 1966 年改为国营之前 70 年间大生各厂及一些相关企事业单位的各种印章 170 余枚，除了 1934 年停产拍卖的大生二厂印章未收入外，其他大生核心企业——大生一厂、副厂、三厂及驻沪事务所各时期的印章大都较好地保存下来，全面而真实地反映了大生纺织系统几十年间创建、发展的过程，成为研究大生系统及中国近代社会、经济发展的重要实物资料。

如果说南通是近代工业文明的一个重要窗口，那么南通纺织博物馆就是近代工业文明的历史佐证。

历史的风云已飘逝不复返，却也留下一些可资后人缅怀追寻的斑斑陈迹。我们应该感谢南通纺织博物馆的倡设者们所具有的卓识远见和抢救意识，及时完好地保留下来这批早期民族工业的实物遗存。它一头牵着洋务运动的历史潮头，一头贯穿百年老厂的世纪风云，成为我国民族工业百年沧桑的历史见证。

南通风筝博物馆

“草长莺飞二月天，拂堤杨柳醉春烟。儿童散学归来早，忙趁东风放纸鸢。”清代诗人高鼎的《村居》描述了一群活泼可爱的孩童在大好春光里放风筝的场景。风筝源于我国，已有两千多年的历史，素有“南鹞北鸢”两大流派。北鸢是指北方的风筝，南鹞是指南方的风筝，其中即以南通的板鹞风筝最为有名。

南通风筝博物馆于 2004 年立项，2005 年 5 月 18 号正式开始对外开放。原南通风筝博物馆坐落于濠河沿岸的南通市劳动人民文化宫内，后搬迁至南通市北濠桥东静业庵内。由于场馆面积有限，现在只能展出原展品的四分之一，其余展品一部分被打包入库，一部分陈列于南通的非遗工坊内。

板鹞风筝又称哨口板鹞，源于北宋年间，因其造型如一平板而得名。又因其有独特的哨口设计，“得风则鸣，其声随风抑扬”，真正传承了古人所说的“以丝竹为弦，风吹有声，如筝鸣响，故名风筝”的艺术特色。曾在 2007 年法国马赛举办的第 18 届“东方之门”风筝国际邀请赛中获奖，有“空中交响乐”的美誉。

带音响的风筝盛行于宋代，北京、潍坊两地的风筝虽然也有带哨的，但不是它们的特色，而南通的风筝以其音响特色与北京、天津、潍坊并列为风筝四大产地。南通风筝之所以保留宋代原态，历经千百年基本不变或变化甚微，这与南通的地理、气候、人口、生产、习俗等有关。

在唐代以前南通地区是沙洲，地势平坦、土地开阔，为放风筝提供了一个良好的场所。再加上南通滨江临海，春季多东南风，有非常不错的风力条件，也有利于风筝向比较大型的方向发展。

南通在当时被称为胡逗洲，在唐代的《太平寰宇记》中记载着，“胡逗洲上多流人，煮盐为业。”流人在几乎与世隔绝的地带煮盐为业，一些原始的习俗能够较好地保留、延续，板鹞风筝也是其中之一。南通最初的风筝并不是今天大多数人用来娱乐的工具，而是同渔业、盐业生产有直接的关系。盐民引海水晒卤、垒灶烧盐，必须抢晴日避雨天，通过放风筝辨听哨口声音的变化，来预测天气的趋势；渔民出海捕鱼，最忌天气变化，出海前放一种叫顺风旗的风筝来测高空风力的大小。海上遇险时放起板鹞风筝，有声有形，能够增大获救的几率。

南通的民间习俗与风筝多有关联。俗语有“像鹞子仄了，不稳”来形容小孩子走路跌跌撞撞，东倒西歪；“他是个无风（断线）的鹞子”指杳无音讯。谚语有“鹞子口声急，明朝雨打壁”“鹞子满天飞，家家有得收”等等。

从前，放板鹞在乡间是件盛事，放大型板鹞前鹞子必须供在堂屋中，供上香烛纸马，村中长辈在板鹞前许下风调雨顺的愿望。人们认为放风筝是送“白虎星”、送“晦气”，哨口是“雷公”的化身，震天动地的叫声是为了威慑妖魔逆蛊，保天下太平。在放板鹞时，最忌讳风筝摔落、断线，风筝落在别人家的屋顶上，放飞的人要赶紧带上香烛纸马、鱼肉老酒去赔礼道歉、磕头焚香，才能将风筝取走。即使孩子放飞的小风筝掉在房顶上，家人也要亲自爬上屋，取下风筝，扯掉哨口，撕坏鹞面，踩碎骨架，丢入河滩或荒地。强烈的宗教色彩使当地百姓对板鹞敬如神灵，以至于“家中失火首先抢出来的竟然是一只鹞子”。

南通板鹞与北京沙燕、天津软翅、潍坊龙头蜈蚣并称为中国的四大风筝，南通的板鹞风筝究竟有哪些独特之处呢?

南通板鹞风筝技艺传承人郭承义老师给我们解释道:“南通风筝最大的特点就是哨口，带响的哨口。制作南通哨口的材料很多，以两种材料为主，一种是桶形的材料，一种是管形的材料，材料都是天然的。大的有鸵鸟蛋，小的有鸽子蛋，另外像葫芦、桂圆、

白葛、蚕茧、野栗壳都是做哨子的桶形材料。管形材料小的用本竹，大的以毛竹为主，这种材料可以做成几联的，三个连在一起的称为三联，五个连在一起的称为五联，根据放风筝时声音的高中低，从小到大地排列。以桶形材料来说，把葫芦取好了以后，面是毛竹的或者是木头的，一般来说，小的用毛竹的根，大一点的用木头，做面的材料有泡桐、白果树，考究的用红木，泡桐比较轻，是做乐器的好材料，但是比较松，发声不太细，要发声细的效果就要用白果树。”

南通的风筝上，一般会配有很多的哨口，哨口的数量由风筝的大小而定。最大的风筝上，有时可能会配上一千只哨口，我们称为“千口哨”。这样的风筝放到天上去，发出的声音非常壮观。这一千只哨口，被分成好多排，整齐地排列在风筝上，而每排哨口发出的声音，都要控制在一个高度上。所以哨口的制作，是个精细活。

南通风筝的底端，都会配上两只大小一致的哨子，像龙的眼睛一样点缀在风筝上，南通话称它们为“嘟子”。板鹞风筝上的哨口不仅数量多，而且大小不一，大的有 40 厘米，小的只有 0.4 厘米。哨口在鹞面上的排列为上小下大，小哨口声音清脆，大哨口声音低沉。板鹞风筝就像一部完整的交响乐，音域涵盖高中低音，音谱非常广泛。若放飞上天，大小哨口借助风力同时吹响，嗡嗡之声可传达数里。

南通板鹞的彩绘艺术是板鹞风筝的精髓所在，板鹞风筝的基本造型由一个长方形和一个正方形重叠组合而成六角形，而八角形由两个正方形重叠而成，七连星则由七个六角形组合而成，九连星、十九连星则有九个或十九个六角或八角形角角相连而成，依此类推，乃至几十上百连星都能角角相接，块块相通。板鹞鹞面的彩绘图案则围绕风筝骨架结构而构成。这类板鹞的特点是每个六角形的中央都由圆心图案构成。圆心多为红底，这也是风筝的“星”。

彩绘画面图案形式多样，内容多是百姓喜闻乐见的传统题材，如吉祥纹样、神仙人物等。所用颜色为中国画颜料、水粉、水彩，也有用染料配制的颜料。彩绘均用工笔重彩，色彩鲜亮明快，强调色彩对比，具有

民间美术的诸多色彩要素。绘制上精工细作，与面积成排成行的哨口互相衬托，形成一种独特的形式美。充分显示了优美、浓郁的乡土气息和极其鲜明的南通地方特色，区别于北京、潍坊等地风筝“无巧不备，奇巧绝才”的审美感，具有原始的古朴美。

南通板鹞风筝区别于其他风筝的地方还在于，板鹞风筝是分体结构，除了风筝主体之外，板鹞风筝还有两条起平衡作用的尾巴，即“鹞背”。鹞背的制作需要轻型材料，一般选用蒲草。鹞背的长度视风筝的大小而定，最长的鹞背有五十米长。鹞背一般上粗下细，过渡均匀。鹞背的重量需要综合考虑风筝的重量和受风面积两个因素。根据经验，如果板鹞风筝的重量是一斤，绳索的重量以七两为宜。也有根据受风面积来定的，一般一平方米是一斤一两。在搓鹞背的时候，需要一正一反来搓，这样才能保证风筝在放上天之后，两条鹞背像“八”字一样分开来，不发生缠绕。

南通板鹞硕大无比，大小一般都在一米以上，最大的高四五米，供孩童玩的仅两三尺。

南通风筝博物馆内陈列了很多制作精美的风筝。

我们平时所看到的风筝哨口大都是由葫芦所制成的，这款《蛋品飞天唱圆满》风筝独特之处在于鹞面上的哨口全部采用蛋壳精工雕刻而成，从上到下，由小到大，依次是鹌鹑蛋、鸽子蛋、鸡蛋、鸭蛋、鹅蛋、鸵鸟蛋，这体现了民间艺人的智慧。大家都知道蛋壳很容易碰碎，而这款风筝从一米高处掉下来蛋壳也不会碎。原来，民间艺人在每个蛋壳的外面用女孩穿的丝袜包一层，浸在桐油里，然后再包一层丝袜，至少要包三到四层丝袜，所以一般情况下蛋壳是不会碎的。而且放上天后声音特别好听，很清脆。

《拜寿图》在传统十九连星的基础上进行大胆创新，中心点以大红色块为背景，写有52种不同字体的“寿”字，通过两童放飞蝙蝠、三童扛寿桃展现二老洪福齐天、万寿无疆，旁边两棵巨松，松间飞翔着一对白鹤，寓意二老松鹤延年。鹞面采用传统手工绘制与独特描金工艺相结合的手法，哨口上打破了“葫窿”“啜子”“嗡声”这种固定的排布格局，强调了“排哨”与“响铃”的结合，具有极高的欣赏价值及收藏价值。

南通风筝有两大看点，一是画面，一是哨口的排列。长期以来南通板鹞风筝的哨口都是横着排的，按照一般的哨口排列方法，这款风筝的哨口就会影响到画面，画面画得再好，哨口排列之后会把画面挡掉。为了尽可能把南通风筝的风采展示出来，在画画的时候就要考虑哨口的排列。

《启东小娘鹞》流传于南通启东民间，造型独特，色彩艳丽，属于硬翅类造型风筝，是一款具有典型地方特色的风筝，表达了人们对美好生活的向往与追求。

这款风筝不是以声音为主的，而是以造型为主，放上天以后，这款风筝非常稳，就像蝴蝶一样栩栩如生，你可以看到这款风筝从中间到两边是完全对等的。

《271连星鹞》由271只小六角巧妙连接、精工制作而成，上置哨口采用栗壳和毛竹两种材料雕刻而成而且有双口，排列方式集中体现了南通板鹞传统的横排和竖排两种，音响效果佳，放飞性能好，观赏价值高。

这是一款非常复杂的风筝，将南通风筝的制作技艺推向了一个顶峰。从结构上来说，南通

风筝以六角形为基本组成单元，这款风筝中有 271 个小的六角形，是目前南通地区星数最多的一款风筝。它上面的哨口是用蚕茧、野栗壳和竹哨组成的。

南通地区的板鹞爱好者们也在积极地开拓和发展板鹞风筝的扎制技艺。板鹞风筝共有三大核心技术，一是哨口的制作技术，即音律音韵的掌控技术；二是鹞背的平衡技术；三是板鹞风筝的引线技术，板鹞风筝放飞时引线的角度和其他彩绘风筝是不同的，它的角度必须大于 90 度，最好是 97 度，甚至到 98 度。97 度、98 度放飞最平稳，排风非常的畅通。

2008 年 5 月，南通板鹞风筝的扎制技艺被列入第一批国家级非物质文化遗产名录之中。南通板鹞风筝流传至今，并能成为非物质文化遗产，绝非偶然，其中凝聚着中华民族的智慧和技艺。它能够发音的特点以及独特的造型和精湛的工艺是民俗文化世代传承的结果，即便在今天也依然有着鲜活的生命力。我们不仅要保护好它，还要使之真正成为南通的一张名片，让它在新时代里飞得更高，飞得更远，就如凤鸣九天，传唱不绝。

南通中国审计博物馆

南通，一个因创办了第一所师范学校、第一座民间博物苑、第一所纺织学校、第一所刺绣学校、第一所戏剧学校、第一所中国人办的盲哑学校和第一所气象站，而被称为“近代第一城”的千年古城！

万里昆仑谁凿破，无边波浪拍天来。

王安石笔下的狼山位于南通市南郊，俊秀挺拔，秀丽多姿，千百年来，引得无数文人墨客在此流连忘返。与青山相对的秀水，则是南通的母亲河——濠河。

古老而秀丽的濠河静静流淌，仿佛母亲的双臂温柔地环抱着南通城，形成了“水抱城、城拥水，城水一体”的独特风格。濠河，与狼山为伴，千年依旧，千年不语，只是用她无言的守候，滋养着一代一代的江海儿女。她环绕着这座美丽的水城，被誉为“少女脖颈上的项链”。

位于濠河之滨，矗立着一座座博物馆，恰似项链上一颗颗璀璨的明珠，为这座城市增添了浓厚的文化气息。在这其中，中国审计博物馆以其独具匠心的建筑特色，形式新颖的布展内容，以及鲜明的行业特点而格外引人注目。

中国审计博物馆是世界上第一家以审计为主要内容的专题博物馆，建筑面积约 5000 平方米，展陈面积约 4500 平方米。以我国 3000 多年的历史为脉络，通过古代审计、近代审计和新中国审计 30 周年专题展三个部分，展示了我国不同历史时期的审计制度、审计人物、审计活动及其所体现出的审计文化。

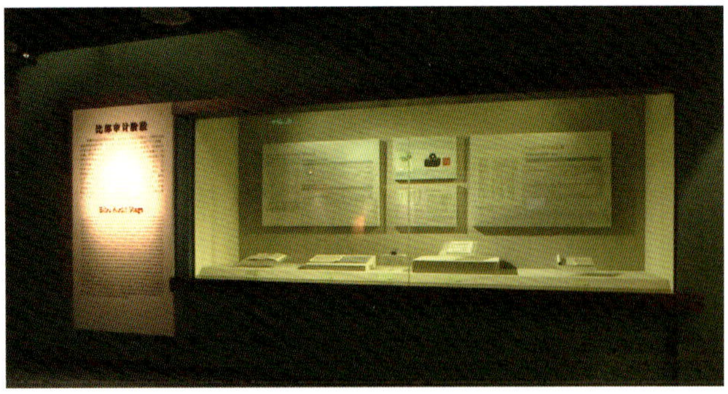

中国审计发展历史漫长而丰富，虽然审计博物馆采撷的这些历史片断、历史场景和历史人物只是沧海一粟，但对于普及审计知识、增强民主法治意识，进一步发掘审计历史文化资源，从前人创造的智慧文明中汲取营养，更好地把握审计发展的客观规律，开创中国审计事业更加辉煌的明天，具有十分重要的意义。

这里是审计历史的印迹，一片片甲骨、一件件青铜、一枚枚竹简、一卷卷古籍、一尊尊蜡像、一幕幕场景，所有的实物如此厚实；物、声、光、电、影，所有的手段如此丰富，将中国审计的历史变迁全方位展现。

走进这座崭新的博物馆，迎面而来的是一座名为审计元素的正方体雕塑，上面镌刻着“审、计、勾、稽、比、覆、磨、勘”八字，用一股浓郁的历史和行业气息将人紧紧包裹住。而这八个字，亦贯穿于中国审计发展的历史中，从多种角度形象的揭示了审计的特点。

4000年前大禹建立夏朝的时候，就开始重视税收，对财税收入实行审计。有征税，就有抗税。司马迁在《史记·夏本纪》记载了“禹三载考功，致群神于会稽山，防风氏后至，禹杀而戮之”。虽然误杀的争议一直存在，但为了维护税收的权威，不惜诛杀重臣的手段，足以表明古代对税收违法的刑罚是很严的。而后人将当时禹所在的茅山改为会稽山，会稽与“会计”同样意思，让人们永远记住以会计为基础的审计工作的重要性。

博物馆一楼展厅主要展示古代审计的发展历程。古代审计一共分为五个阶段，第一个阶段是官计审计阶段，诞生于夏商西周时期，是中国审计的萌芽和产生阶段。

在夏商及西周时期，由于邦国向朝廷贡纳制度的存在，藉由甲骨刻辞、青铜器铭文所载对贡纳情况的审计成为可能。这一阶段的官计制度主要是对官吏财经方面的政绩进行考核监督的政治制度。到了春秋战国和秦汉时期，则逐步演变为比较规范的上计制度。这时审计重在稽查考核官吏，对官吏财经方面的政绩和经济责任的审查是上计的主要内容之一。春秋战国时期，各国的官制虽不完全相同，但从中央到地方都有一批官吏协助国君参与上计。秦汉时期的上计制度越发完备，西汉甚至设置了专门的机构和职官，并由丞相主管。汉高帝时期专设计相一职，后称主计，由张苍担任。

在上计审计阶段，为巩固国君地位而实行的下级政权机构向上级直至中央朝廷上计的制度中，经济管理情况的审查亦包含其中。

从魏晋南北朝到唐前期，称为比部审计阶段，是中国古代审计向独立、专职化方向探索和发展的时期。作为独立的专职审计机构，比部产生于曹魏，隶属关系不断变更，至隋唐归刑部，审计职能不断强化。

在比部审计阶段，唐中央集权制度已经逐步成熟，财政、监察都作为独立的机构参与管理，为加强管理和制约，比部亦作为专职的审计机构开展独立的监督。

隋唐时期，除专职审计机构比部外，御史台的审计职能也得到加强。据史料记载，书法家颜真卿，诗人元稹、柳彧 、刘晏等都曾经担任过审计监察职官。唐后期财政机构发生了显著变化，作为财政管理机构的户部、度支、盐铁三司，强化了与财政管理相结合的审计监督。

北宋三部勾院的职能之一是纠举官吏的经济违法行为。淳化年间，勾院吏卢守仁因检举一起低价出售国家专卖物资茶叶的违法事件，而受到奖励。李惟清任盐铁使，即盐铁酒茶禁榷方面的最高主管官员，因自行决定降低一些茶的价格，且没有向皇帝奏报，使朝廷减少了一万余贯的收入，被查后，受到了罢官、降级等处罚。北宋审计方法——磨勘法的创始人刘式上书朝廷，针对当时的财政困境，提出了许多积极合理的解决办法，加强对财政、税收的统计、审计。宋太宗听取了刘式的建议，在三司下设立磨勘司，专门负责对国家财政、税收的会计、统计和审计工作，并任命刘式做第一位磨勘司的长官。

南宋时期，为避高宗赵构讳，将专勾司改名为审计司，亦称审计院，这是我国第一次以审计命名的专职审计机构。

到了元明清三代，审计以科道审计为主。科、道是六科给事中与各道监察御史合称。照刷文卷是元代御史台的一项重要监察审核工作，御史台通过照刷文卷，进行财政财务审计，同时负责财经法纪监督。上自中书省以下诸司，下及地方行省等，所有文卷都要由监察御史和廉访司照刷审查。明代还将地方分区监察和中央按系统检查相结合，专设吏、户、礼、兵、刑、工六科给事中，稽查六部百司之事。给事中品级不高，但不隶属于都察院和其他机构，直接向皇帝负责。六科的审计职能，主要是监察朝廷六部等官署及考核、考察官员等方面。

清代基本沿用明代的审计制度，主要的审计监察机构是都察院，其具有审计职能的机构是六科、

十五道、室宗御史处、稽查内务府御史处。后六科划归都察院统一管辖，科道合一对审计官员之间相互监督、保证审计结果的客观公正起到了重要作用。

中国古代审计对历朝历代财政经济的稳定和发展，对维护中央集权的政治统治，对澄清吏治等都发挥了非常积极的作用。伴随着政治、经济制度的不断演进，审计的发展保持了逐步成熟、向上的总趋势。中国古代审计这一片沃土，为近代继续实行审计监督制度提供了丰富的养分。中国古老的审计文明，是中华民族历史文化宝库中的一笔宝贵财富，也是世界审计文明不可缺少的重要组成部分。

博物馆的二楼展示的是近代审计的发展，一共分为两个部分：中华民国政府的审计和红色根据地的审计。到了近代，中华民国时期的审计机关具有较高的法律地位和较强的独立性，审计的智能、方式方法适应了不同历史时期客观形势的需要，注重审计结果的公开，注重审计官员的职业化建设。

展厅里有一个审计院院长庄蕴宽的办公模拟场景。庄蕴宽为政清廉，1916 年 4 月至 1927 年 2 月，庄蕴宽任审计院院长期间，由于财政极度困窘，各部门发放工资艰难，审计院上下各级官员，虽然时常整月拿不到工资，但仍坚持工作。偶尔有一些钱，庄蕴宽就从低级官员开始发放，逐级向上，因数量很少，发放到自己时，已经所剩无几，对此，他亦毫无怨言。由于庄蕴宽吃苦在前，以身作则，在他的人格魅力感召下，各级职员“咸钦其盛德，虽无斗升之储，亦永远追随勿去”。1927 年成立审计院，当时的院长于右任，想来大家非常熟悉，国民党的元老，书法也写得非常好，有“草圣”之称。当时的审计院后来改为审计部，隶属于监察院，于右任升任监察院院长，监察院下面设审计部，这样一个体制，一直延续到今天的中国台湾。包括五院制的体制，立法院、司法院、行政院、监察院、考试院。这一时期的审计制度比较健全，审计法规比较完备，审计对于监督政府财政收支发挥了一定的积极作用，确保了各级政府的正常运转；支持了国民革命和抗日战争，保证了革命经费和大后方抗战经费的合理、有效使用；通过审计还揭露了一些政府官员在财政、经济活动中的不法不忠行为，一些贪污舞弊和渎职犯罪案件受到查处。

与此同时，中国共产党领导的审计工作，是在革命根据地初创时期形成和发展起来的，尽管当时条件极端艰苦，但仍能紧密围绕革命的中心任务开展审计，审计工作有声有色、重点突出。

中国革命根据地的审计展示的是 1927 年到 1949 年，在中国共产党的领导下，审计事业从无到有，从初创到成熟，逐步发展的一个光辉历程。中央审计委员会成立后，审计结果报告在《红色中华》报上全文公布，更提高了审计工作的透明度，增加了审计结果的公开性。1927 年 4 月，阮啸仙当选为中央监察委员会候补委员，在会后设立的中央领导机关中，被任命为中央审计委员，1928 年 6 月，当选为中央审查委员会委员。

1929 年后，阮啸仙曾任党中央审计处处长。1931 年 11 月，被选为中华苏维埃共和国中央执行委员会委员。1934 年 1 月，再次当选为中央执行委员会委员。1935 年 3 月，其所部遇敌袭击，阮啸仙带病指挥突围，壮烈牺牲，年仅 38 岁。根据地的审计工作在开源节流，稳定革命根据地和解放区的财政经济，支持革命战争，防止贪污浪费，保持廉洁奉公的革命本色等方面都发挥了积极作用，并为新中国建立初期继续实行审计制度和改革开放后社会主义审计制度的创建提供了宝贵经验。

中华人民共和国成立后，党和政府非常重视审计工作。特别是党的十一届三中全会后，国家的审计工作获得长足发展。1983 年 9 月，审计署成立；1995 年 1 月 1 日，《中华人民共和国审计法》实施；2006 年 2 月 28 日，《审计法》经第十届全国人民代表大会常务委员会第二十次会议修订通过，自 2006 年 6 月 1 日起施行。《审计法》的修订和颁布施行，是我国民主法制建设和审计事业发展进程中的一件大事，在加强审计监督和进一步规范审计行为方面具有十分重要的意义。

纵观中国审计发展史，国家兴、则审计兴；国家衰，则审计衰。封建时代的审计为统治者所用，对历朝历代财政经济的稳定和发展，对维护中央集权的统治，对澄清吏治发挥了积极作用，有过兴盛。但封建王朝的闭关锁国，妄自尊大，使其落后于时代的发展，最终不可避免走向衰亡。近代以来，虽引入了西方先进的审计制度，但与此密切相关的经济制度、民主制度、宪政制度在当时积贫积弱的中国难于发展，审计的作用也无从发挥。只有当人民实现当家做主，建立起真正的民主政治并给予宪法保障后，中国审计才走上健康发展之路。

一代代有正义感、有责任心的审计人，创造了审计的光辉历史。新中国的审计工作者，秉承着继承和发展的理念，不断完善审计制度，在审计监督活动中不断创造总结，将审计精神和审计文化发扬光大。

我们曾思考过：审计是什么？审计像什么？每个关注审计的人都会有他们自己的理解：审计实务人员可能说，审计就是一个个忙忙碌碌的现场；审计研究人员可能说，审计就是一片片浩如烟海的书卷；社会舆论可能说，审计就是一次次轰轰烈烈的查贪查腐。

而在审计博物馆里，你会发现，审计就是那一幅幅生动的画面，一件件真实的物品。审计，就在博物馆这浓郁而又清新的环境和氛围中。

如皋丝毯艺术博物馆

2012年，在第十一届中国民间文艺山花奖的评选中，真丝手工挂毯《北京千年风景图》从数百件作品中脱颖而出，一举拿下全国民间工艺美术的顶级奖项——“山花奖”。这幅作品体现了“更快更高更强”的奥运精神。在这幅长2.8米、宽1.8米的作品中，“新北京新奥运”字样、五环旗、天安门、地坛、北海公园、跳水、赛龙舟……北京从古至今的标志建筑融合其中，各种体育运动得到充分展示。

“择茧缫丝清水煮，拣丝拣线红蓝染。染为红线红于蓝，织作披香殿上毯。披香殿广十丈余，红线织成可殿铺。彩丝茸茸香拂拂，线软花虚不胜物……”唐代诗人白居易在《红线毯》诗中对丝毯工艺作了生动的描述。挑选上好的蚕茧，煮沸缫丝、漂练，再染上各种鲜艳的颜色，然后用精巧的技法编织成各种美丽图案的丝毯，用于皇宫各殿的铺设，由此可见，早在一千多年前的唐代，这一宫廷贡品的技艺水平已是何等高超。

在古城如皋，有一座手工丝毯博物馆，它与定慧寺、水绘园、花木大世界遥相呼应，它是展示如皋丝毯多年辉煌成就的艺术殿堂。

这座博物馆，是世界上继伊朗国家地毯博物馆之后的第二家丝毯艺术博物馆。丝毯艺术博物馆以翔实的资料和实物，介绍了工艺丝毯三千多年的发展史、工艺流程和织造艺术；陈列了中国丝毯在濒临失传的情况下，恢复发展并再创辉煌的史实。其中，突出了被学术界誉为“南方丝毯”代表的如皋丝毯发展过程。如皋丝毯艺术博物馆展出的内容之丰富、艺术氛围之浓厚令人叹为观止，可以说，如皋丝毯是古丝绸之路的现代延伸。

丝毯是以桑蚕丝线、柞蚕丝线栽绒绾结而编织成的手工栽绒地毯。真丝手工挂毯的工艺沿袭了传统手工栽绒丝毯工艺，行业内称之为手工打结丝毯工艺。丝毯工艺源自西汉，盛于唐代。然而，由于战乱等原因，这一工艺在宋、元、明、清日渐衰败，几近失传。且因蚕丝主要被用于服装和床上用品等，而古代丝毯主要用于铺地，故始终未能跳出"宫廷用品"的范畴，难怪白居易在诗中咏叹："一丈毯，千两丝，地不知寒人要暖，少夺人衣作地衣！"古旧丝毯至今未见于藏品市场，仅在故宫和少数博物馆藏有清代丝毯，所以极为珍贵。这一几近失传的绝妙工艺技术急切呼唤新的崛起，这一历史重任有意无意地落到了李玉坤的肩上。

如皋丝毯艺术博物馆馆长李玉坤回忆道：如皋是最早恢复传统工艺的地方，1973 年他们把失传的工艺恢复过来，使丝毯成为一个大众的产品。曾经在国际、国内享有盛誉，尤其是它的出口为国家创造了大量的外汇。当时全国有 400 多家丝毯厂都到如皋来学习，学成以后回去生产，对国家的经济建设发挥了重要的作用，既创造了外汇又安排了大量的劳动力，把传统的工艺保护下来了。

1974 年，李玉坤被调到如皋丝毯总厂从事设计工作。那时如皋丝毯总厂才创办一年，技术力量十分薄弱，他更是从头学起，在没有丝毯设计图纸可供借鉴的情况下顽强地开拓着。

随着外贸事业的发展，产生了不当竞争，就是互相压价，所以普通的丝质地毯就开始走下坡路。1981 年，李玉坤意识到这一点，觉得优秀的传统工艺要把它向更加高级的方向发展，于是与当时的中央工艺美术学院，现在叫清华美院，建立了紧密的合作关系。

同年，中央工艺美术学院教授袁运甫先生在看到如皋制作的丝毯以后，对这一传统工艺评价很高，提出"在图案方面引进现代设计思想，使丝毯从工艺品升华至艺术品"的设想。在他的倡导下，从江苏如皋运去一台织机，派出三名设计人员、五名优秀织工，在工艺美院校园内开始了第一块现代艺术丝毯的织作。第一批挂毯《智慧之光》《黄山》，得到普遍的赞誉。袁运甫教授亲自背着挂毯去美国展示，立即引起美国艺术界、收藏界的关注，许多画廊争相购买和订制。

为了让世人有充分的机会来参观传统工艺精湛的制作，李玉坤策划把如皋丝毯总厂三十年的成果保护和发展下去，于 2002 年 10 月 18 日建立了如皋丝毯艺术博物馆。

当人们驻足在如皋丝毯艺术博物馆宽敞的展示大厅或徜徉在一幅幅精美的丝毯和图片之间时，会感受到强烈的艺术享受，思想境界怡然升华。以如皋人的心灵手巧，挖掘、恢复和发展了中华人民共和国成立前已几近失传的手工栽绒丝毯工艺，使古丝绸之路的一个重要品种得以在现代延伸，丝毯工艺取得的那些令人震惊的成果无不使人叹服。

如皋工艺丝毯结构新颖、细密丰满、片剪浮雕、色彩亮丽，被誉为中国南派丝毯的代表、中国现代艺术丝毯的开拓者。其工艺精湛、线条分明、层次清晰、彩丝蓬绒、风格典雅，可分为地毯、壁毯和屏风装饰毯三大类。地毯有京式、古典式、彩花式、东方式、波斯式等。壁毯、屏风毯图案取自中国传统山水花鸟和风景画，近年来又巧妙地融进西方现代派绘画艺术，取得中西合璧的奇效。

在展馆一侧，几位绣女正在专注地用手编织着巨大的丝毯，而每"扎"一道，即要用刀割切，每扎一道，则在整个画毯上仅留下一个极小的点。一块 3 米长 2 米宽的挂毯，两个人至少要绣三个月。无法看清绣女的手指究竟是怎么一绕，就把前后两根经线打成了一个 8 字结。这一个个结点构成一根线，由线及面。一幅 40 平方英尺的挂毯，女工一共要在上面打成 90 万个结。时不时，女工还要扒开面前的经线，探头往里张望，原来那儿更是另有乾坤——一幅草图悬挂其中，却也只是粗略显出轮廓，且一色不着，上面布满密密麻麻的小点，细细一看，却是一个个诸如 22、34 这样天书密码般的数字，原来每个数字都代表着不同的颜色，所有的活色生香靠此而起。

李玉坤向我们介绍了“镇馆之宝”——《千里江山图》。北宋时期著名画家王希孟，由于他英年早逝，流传于世的就只有这一幅——《千里江山图》，由故宫博物院收藏。这幅挂毯全长 24 米，用了两百道工艺，一个平方英尺要打四万个结，十几个工人做了将近一年，才编织完成。

2001 年 2 月，在北京举行的“中国工艺美术珍品、真丝艺术挂毯《千里江山图》《百福百禄百寿图》专家鉴定会”上，中国收藏家协会会长史树青，文物鉴定专家耿宝昌、杨伯达、单国强等十位专家给予一致好评。《千里江山图》和《百福百禄百寿图》一为北宋宫廷画家王希孟传世孤品，一为清代画家钮云峰的传世力作。

专家的鉴定意见称：“江苏如皋工艺丝毯总厂运用自己独特的制作工艺将其制作成巨幅丝织艺术挂毯，再现其璀璨夺目的艺术光辉，实为可喜可贺。它既忠实于原作，又与创新艺术相结合，不但色彩准确，而且神情逼真，精湛的制作技术与画作的述人神韵互相辉映，弥足珍贵。既是民族传统文化与现代艺术的完美结合，又是一种艺术的再创作。代表了丝毯行业目前国内的最高水平。尤其是长 24 米，面积达 250 平方英尺的巨幅艺术壁挂《千里江山图》，堪称世界吉尼斯纪录，其花纹之密，用色之多，工程之大，耗时之长，绝无仅有，是我国艺术丝织挂毯制作史上一个里程碑式的成就。这两幅作品，不仅具有较高的艺术价值、鉴赏价值、收藏价值，也是继承和弘扬我国优秀文化遗产的一大创举”。

让李玉坤更为津津乐道的是美国前总统克林顿收藏的一幅叫《幸福鸟》的挂毯。这幅挂毯是著名的美籍华人画家丁肇光的画稿。丁肇光是云南派代表画家之一。他画了一幅少女和仙鹤题材的作品，象征着幸福、美满、长寿，吉祥如意的寓意。1984 年这幅作品被制作成挂毯，丁肇光先生把它挂在自己家里，他的家在美国洛杉矶的比华丽山庄，是花了 600 万美金买的一栋别墅，这个别墅是他与美国前总统尼克松竞争买下来的。所以当时克林顿感到很奇怪，中国的画家怎么打败了美国的前总统。他就派财政大臣去看一看，财政大臣去他家看了以后，当时就发现，他家里挂了 6 幅挂毯，都是丁先生的作品加工而成的，其中就有这幅《幸

福鸟》。财政大臣一看就很喜欢，于是提出要买回去带给克林顿，挂在办公室。当时丁肇光先生给他优惠价3万美金，克林顿看过以后非常喜欢，又自己掏腰包把《幸福鸟》买回去，挂在家里。

联合国大厅里代表了世界织毯工艺最高水平的丝毯来自于如皋；每晚的《新闻联播》如果播到人民大会堂新疆厅、武汉厅有重要会见时，李玉坤总要多留意两眼，因为这两个厅的背景正是悬挂着巨幅的如皋挂毯。

真丝挂毯并非简单临摹复制，画家订制挂毯，就是用真丝的奇妙材质，加上能工巧匠的再创作，以表达画布上所不能达到之意，最终成为一件艺术品。经过与画家的长期合作，如皋丝毯享誉国内外艺术品市场。

在古城如皋，几十年来，丝毯工艺不断推陈出新，一幅幅惊世之作接连问世，它们成为世界著名艺术画廊、博物馆和国家元首、著名艺术家竞相珍藏的对象。如皋丝毯艺术博物馆珍藏的这些艺术品，无不蕴含着中国千年历史文化和民族智慧的高贵工艺，也必将对世界民间工艺艺术产生深远影响。

连云港港口历史博物馆

在连云港市的东部沿海，后云台山下，有一处安静的所在。多年来，这里的人们主要以烧炭卖炭为生，久而久之，“老窑”这一贴切又形象的称呼便在小渔村里一传十、十传百地叫开来了。

后云台山上的石头，色白质细，岩性坚硬，是不可多得的建筑材料。在水泥混凝土稀缺的年代里，就地取材，开凿山石铺路筑房，成为人们的首选。在当地老人们的记忆里，小渔村里目及之处，都是石头，石街石巷、石楼石阁、石房石院、石桥石栏，俨然一座“石头城”，如果细呼吸，慢慢闻，鼻子里都能有股青涩的石头味。

在这座石头铸就的小渔村里，矗立着一栋古老的钢筋水泥建筑——连云港老火车站，连云港市曾经的地标性建筑。那时连云港火柴厂生产的普通火柴，粗糙的纸盒正面，印的就是火车站的简单轮廓。连云港老火车站建于 1933 年，由荷兰筑港路桥公司设计，南京复兴公司承建，1935 年竣工。

火车站造型典雅，具有传统的魅力感和历史的厚重感。墙体以白色为主调，白色的钟楼在阳光下，显得格外引人注目。建筑分办公区和钟楼区，办公区分三层，用于候车、托运和办公，高 17 米；东侧钟楼十层，高 39 米，用于海上导航，既实用又美观。

2013 年，连云港港迎来开港 80 周年，连云港市委、市政府、港务集团选址老火车站，兴建连云港港口博物馆。港口博物馆建筑面积约 2300 平方米，展示面积近 1400 平方米。

港口历史博物馆分港口源起、大港初建、港通天下、跨越未来四个展区，以时间为主线，以大量珍贵的历史照片、史料实物、科普模型展陈为内容，展示了秦汉以来古海州地区港口的演变发展历程；20 世纪初陇海铁路的修筑以及终端海港的诞生；抗日战争、解放战争期间连云港港的艰难发展和中华人民共和国成立后，连云港港的稳步发展等。

连云港地区在古代分为海州和郁州两大部分，都处于重要的地理位置。从秦汉至唐宋，海州地区岸线稳定，河港星罗棋布，像岚山头、青口、朐山口、港嘴、大伊山，船只到处可以停泊。在诸多自然港中，古朐港不仅有优良的港湾，可供疏散货物的入海河流，而且有临近的古朐城为依托。

由于朐港的位置优良，秦朝时就被看做是通达四海的交通门户。秦始皇五次出巡，浮江航海，求长生不老之药，两次经过朐县，从朐港乘船入海北上。

汉代东方朔在《海内十洲记》中记载了徐福带童男童女坐楼船去“三神山”寻求长生不老之药的故事。徐福东渡带去了桑蚕、纺织，“五谷种种百工而行”，因此被日本人民作为“蚕桑之神”来供奉，国内外许多历史学家也把他称为“海上丝绸之路”的开拓者。根据文献资料记载，徐福的起航地为古朐港，即今夹山、港嘴古港一带。

在唐代，海州是一个繁茂的商港，码头货场规模很大。根据《太平广记 · 李邕》所记，李邕做海州刺史的时候，海州港一次就可停泊大船 10 艘，装“珍货数百万”。唐宋时期，“山海之利以盐茶为大宗”，海州的盐、茶生产贸易高度发展。在宋代，海州还是“陶瓷之路”中重要的输出口岸之一，输入路线主要从扬州通过运河至海州口岸外销。

明清两代的统治者实行闭关政策，18000 多千米海岸线上的沿海岛屿、优良港湾都废为界外。这种迁海和禁海政策的实行，严重地迟缓了我国沿海经济的发展和海港、海运事业的发展，直到道光年间被迫实行五口通商，沿海诸港口才逐渐兴起，港口城市才逐渐发展。

连云港港 1933 年开港，拟议建港却在 20 世纪初。那时，陇海铁路的修建和通车，对于连云港的兴起

有着决定性的作用。可以说，作为陇海铁路的终端港，连云港的区位优势一下子凸显了出来。然而，由于连云港是陇海铁路的附属港，从一开始就濒临难产的命运，随着陇海铁路的分段修建而沉浮，历经了坎坷的路途。

陇海铁路从江苏连云港到甘肃兰州，全长 1759 千米，横贯江苏、安徽、河南、陕西、甘肃五省，是我国东西交通的大动脉。这条铁路的修筑，不是由东、西两端开始，而是从中间向东西两端延长，即最初建的汴洛路，开封到洛阳是作为芦汉铁路的支线而存在的。

在长江以北地区修建一个现代化的陇海铁路终端港口，早在汴洛铁路修建时期便开始酝酿。陇海铁路借款合同签订不久，陇海当局委托法籍工程师格锐奈为海港测量队队长，从 1913 年 3 月开始在江苏海岸进行测量。

1914 年，格锐奈完成《对于西连岛建设陇海铁路口岸说贴》——这是连云港最早的大港计划。格锐奈计划主要内容为：堵西口，即由连岛的西端，筑一长 3600 米长的止浪堤坝，将连岛与陆地连接起来，屏障港区免受海浪侵袭，截断泥沙来源；留东口，从连岛东面和老窑各向海内建筑堤坝，共长 3185 米，中间留有 300 米长的口门，以便轮船进出；将 14 平方千米的港区疏浚至最低潮水 6 米至 9 米，并疏浚一条长 6 千米、宽 300 米、深 9 米的航道；建筑码头 12 座，总预算 6900 万法郎。

1915 年，陇海铁路局批准了格锐奈的大港计划，决定以老窑为陇海铁路终端海港地址，决定得到了孙中山先生的充分肯定。孙中山先生在《建国方略》中关于在海州建二等港的论述，对陇海铁路终点海港的优点和不足之处及改良方案阐述详尽。

《建国方略》，也称作《实业计划》，“吾意则需建四个二等港及十五个渔业港。海州位于中国中部平原东陲。此平原者，世界最大最广肥沃地区之一也。海州以为海港，则在北方大港和东方大港二大世界之间，今已定为东西横贯中国中部大干线海兰铁路之终点”。

陇海铁路当局选定老窑为陇海铁路终端海港地址的大港计划披露以后，在全国引起了强烈的反响，也引起了被誉为“江北名流”的张謇和沈云霈之间关于陇海铁路终点问题的一番激烈争论。

张謇认为，海州附近的沭阳、东海、灌云三县物产额数有限，仅以盐为大宗，又向以运河为转输之道，而东西连岛、孤悬海中，地势荒僻。若陇海铁路终点选择在崇明，则铁路沿线纵横宿迁、泗阳、淮阴、淮安、涟水、阜宁、盐城、东台、如皋、南通、海门、崇明十二县，物产丰富，必有营业发达、投资回收快的效果。

沈云霈主张在海州并筑三个海港。他认为可在山东、江苏交界处的岚山头（今属山东日照），建筑一处深水海港。而西连岛风平浪静，虽不甚深，但于此稍加疏浚，便可与黄浦江深度相同，可以在此建造转运海港，因为灌河水深不亚于上海黄浦江，由燕尾上溯，可通里下河，串场河，上游由杨家集、新安镇可通盐河、运河，这样江北全境无不可通。

两人关于陇海铁路终点港选择的争论，从某种程度上讲，带有为各自家乡和私人谋利的性质，但他们的观点都是经过比较认真的调查思考得出来的，其中有的观点还独具匠心。如张謇所推崇的南通港现在也成为长江下游的重要港口。沈云霈关于三港并建的设想，如今已成为现实，连云港、日照港都已成为国家重点港，灌河的燕尾港、陈家港已成为连云港的组合港。

沈云霈主张的先办西连岛海港，与上海港联运这一点，则与格锐奈的意见合辙，因而北洋政府交通部和陇海当局对沈云霈的意见甚为重视。

从地理位置上看，老窑较南通、海门占有优势。从物产上看，老窑附近的海州、赣榆、沭阳、灌云几县虽然经济比较贫困，然而徐海一带有着较为丰富的盐、磷、煤、铁等资源，对陇海铁路局来说，自然希望选择一个最短途径、经济效益较高的出海口。从时局形式上看，当时青岛是日本人的势力范围，而上海则是洋人的世界，崇明、南通等地离上海很近，极易被外国势力侵吞。老窑介于青岛上海这两个大港之间，尚未被外国势力染指。

在拟定陇海铁路出口海港计划时，对于海港的名称并无明确的意见。由于海港与陇海铁路互为依存又正处于该路终端，许多文件、图纸、杂志和报刊都把港口称为“陇海铁路终端海港”。

1913 年，格锐奈勘测江苏海岸后，人们又经常把港口称为“西连岛海港”。但码头位置是在西连岛对面的老窑，因此“西连岛海港”之称很不确切，而港名以“老窑”冠之，又显俗气，为避免日久沿用俗名成习惯，在工程尚未进行之际，陇海路当局就迫不及待地考虑择定港名。

最后，陇海局认为该港南枕云台山，北屏西连岛，建议称为云台海港或西连岛海港。国民政府铁道部认为老窑码头前有东、西连岛为屏障，后以云台山为依托，从云台山、西连岛两地名各择一字，以“连云”命为港名，即可充分表达海港与地理名胜的关系，又可寓意交通事业兴旺、商业贸易繁荣。

1932 年 11 月 14 日，铁道部政务次长钱宗泽批复国民政府铁道部：“连云含义较广，似为合宜”。次年 2 月，遂核定新港名称为连云港。

抗日战争期间，港口一度遭到严重破坏。中华人民共和国成立后，连云港港在中国共产党和人民政府的领导下开始了复兴发展之路，道路虽然艰难曲折，但港口人勇于探索、追求卓越，使港口发生了翻天覆地的变化。

1984 年 4 月 7 日，《人民日报》发表了关于开放 14 个沿海港口城市的报道，连云港市就被列为全国第一批 14 个沿海港口城市之一。

1992 年 12 月 1 日，“东方 1080”首列国际集装箱专列从连云港发车，新亚欧大陆桥正式开通运营。新亚欧大陆桥东起连云港，西至欧洲西海岸的荷兰鹿特丹港，全长 10870 千米，其中中国境内 4131 千米，连接辐射亚欧 40 多个国家和地区，连通大西洋和亚太两大经济圈。1994 年 3 月，国务院常务会议讨论通过了《中国 21 世纪议程》，新亚欧大陆桥中国境内铁路沿线地带可持续发展被列入第一批优先项目计划。该计划提出，将连云港市建设成为连接太平洋沿岸国家与中亚地区的国际性港口城市、环境优美的旅游中心、国际贸易中心与交通枢纽。

2013 年 9 月 7 日，国家主席习近平在哈萨克斯坦纳扎尔巴耶夫大学发表演讲时提出“丝绸之路经济带”构想。同年 10 月 3 日，在印尼国会发表演讲时习近平表示，中国愿同东盟国家加强海上合作，共同建设“21 世纪海上丝绸之路”。从此，向西推进“丝绸之路经济带”、向南构建“21 世纪海上丝绸之路”开启了中国新的经济战略布局，即“一带一路”战略。

连云港港于 1933 年开港，经过 80 余年的建设，现已建成 25 万吨级航道，可通航世界上最大的集装箱船。目前，连云港港是我国 25 个沿海主要港口、全国 12 个区域性主枢纽港和长三角港口群三大主体港之一，是中国进口氧化铝、有色矿、木薯干第一港，出口工程机械、胶合板第一港，出口焦炭第二港，三大进口化肥、活性畜接卸港，五大粮食进出口港，沿海出口煤炭唯一无索赔港，集装箱沿海十大港、全球百强港，是我国综合运输体系的重要枢纽，上海国际航运中心北翼重要组成部分，江苏沿海港口群的核心以及陇海兰新铁路沿线地区乃至中亚诸国最便捷经济的进出海口岸，被誉为新亚欧大陆桥东桥头堡。

当前，在全球航运界已经打响了一场没有硝烟的“绿色战役”，围绕低碳经济，从解决碳高消耗、高排量、高污染这一主要矛盾入手，加快调整产业结构、能源消费结构，提高能源利用效率，已成为全国乃至世界港口的重要工作。

连云港港以“低能耗、低污染、低排放和高能效、高效率、高效益”为发展模式，全面推进绿色、低碳、智慧港口建设，推广应用清洁能源，发展低碳运输智能系统技术，应用低碳交通运输装备，准备低碳基础设施，加快港容港貌向整洁美观、规范有序转变，打造以低能耗、低污染、低排放和高效能、高效率、高效益为特征的新型港口。

位于江苏沿海最北端的连云港港，南联长三角，北接渤海湾，隔海东临东北亚，又通过陇海铁路西连中西部地区以至中亚，在我国区域经济协调发展中具有重要战略地位。随着 2009 年亿吨大港和 300 多万集装箱运量目标的实现，连云港港迈上了规模化发展的新道路。连云港港作为国家所希望的连接东西南北的战略纽带、江苏所要求的沿海综合开发的引领龙头、连云港市所赋予的港城快速崛起的重要引擎、腹地省区所企盼的运作海外资源的黄金桥梁、各界朋友所看重的扩大合作共赢的投资热土，正按照大型化、深水化、专业化、现代化的要求，尽快建成区域性国际枢纽大港、集装箱干线大港和带动区域经济共同发展的组合大港，全力巩固和扩大亿吨大港建设成果，全新打造“新亚欧大陆桥东方桥头堡、中西部地区最便捷出海口、长三角地区主要深水海港”三大品牌。

连云港港口历史博物馆，犹如一幅生动的画卷，形象地展示了连云港港口的历史沿革和发展历程，它集旅游、教育、文化等功能为一体，为山海石城的连云港市增添了一抹亮色。

淮安中国漕运博物馆

“漕，以水转谷也”。这是 1900 多年前，许慎在《说文解字》中的解释。这种功能性的描述，也赋予了漕运原始的天职，那就是用水来运输粮草。其实，漕运的历史远远早于许慎所处的东汉年间，也许在茹毛饮血的蛮荒时代，我们的祖先已无意识地发现了人、水、物之间的传输，并实践了漕运的初始状态。如今，这些已经很难考证，历史犹如载运而来的水川，它用文明洗刷了混沌，也冲走了鸿蒙宇宙的奔放和神秘，留下的唯有这片亘古不朽的土地和字里行间一眼万年的兴衰。后人，史海拾贝，用现代的方式拼贴起一幅漕运印象画。

眼前的这座仿明清楼阁建筑，叫做中国漕运博物馆，坐落在素有漕运之都美誉的江苏淮安。它的正前方是总督漕运部院遗址，杂草丛生中沉睡着漕运一去不返的鼎盛，残垣沟壑上捍卫着漕督的庄严。一条中轴线继续南延，老城中心的“镇淮楼”跃入眼前，历代漕运，多以过淮不易，为了震慑淮水，这里故名镇淮楼。一老城楼，一旧部院，和一座新的博物馆，三点一线，串起了漕运、时代和城市的变迁。

中国漕运博物馆是目前国内唯一一座反映漕运主题的大型专题博物馆，博物馆打破了传统的陈列模式，通过史料、文物、展板、多媒体等多种形式，向参观者展现了千年漕运的历时潮汐。

公元前 486 年，吴国三破楚国和越国，可谓称雄东南，为了进一步逐鹿中原，吴王夫差在扬州开凿了人类历史上的第一条人工运河——邗沟。邗沟南起长江之滨的邗口，引流长江水北上，直抵淮河南岸的古末口，也就是今天淮安河下古镇附近，全长 400 里。在那个尚未脱离石器工具的时代，此项工程彰显得不仅是浩大的劳力，更是先祖的智慧。伍子胥，开邗功臣，在他的指挥下，邗沟一路避险，穿过樊梁湖、博支湖、射阳湖、白马湖，将天然湖渠与人工河道巧妙整合，最终沟通起长江和淮河两大流域，打破了我国原始水系中南北各不相连的僵局。

漕运，产生于人类文明之初。它的主要功能是用水路和船只，将粮食运到指定的地方去，或者作为军粮，支持前方打仗，或者送到灾区，供老百姓、官员食用。漕因水生，吴国的大翼战船承载着战争所需的粮草和辎重，沿着新航道一路北上，为胜利伐齐保驾护航。可成败一夕间，邗沟也成了吴国由极盛转衰的导火索，正如伍子胥所料，漕运的便利加剧了夫差吞噬北土的野心，这让缩踞后方的越国有了可趁之机，夫差终究落得个国破身亡的境地。

“霜落邗沟积水清，寒星无数傍船明”。吴灭了，邗沟却留下，它世代履职，经年修新，后改为京杭大运河的里运河航段，成就了淮安、扬州两大运河都市。可见，漕运的贡献虽始于战争，却利在千秋。战国时，魏惠王修鸿沟，秦朝时，始皇帝开灵渠，汉朝光武帝筑阳渠，魏国曹操凿睢阳渠，这一系列水利工程，逐渐形成了以洛阳为中心，以黄河为轴线的漕运网。但此时的漕运并非一路水运，由于河道尚且稀疏，所以途中必须靠陆运换乘，这就是所谓的转漕。转是陆路运输，而漕是水上运输，即转漕大计。

仓，谷藏也，仓黄取而藏之，故谓之仓。漕仓伴随着转漕而生，星罗密布地分布在河道两岸，负责储藏和转运漕粮。从秦人黄河岸边的敖仓到清朝清江浦上的常盈仓，都曾把持过封建社会的口粮，见证着“苏湖熟天下足”的传说。

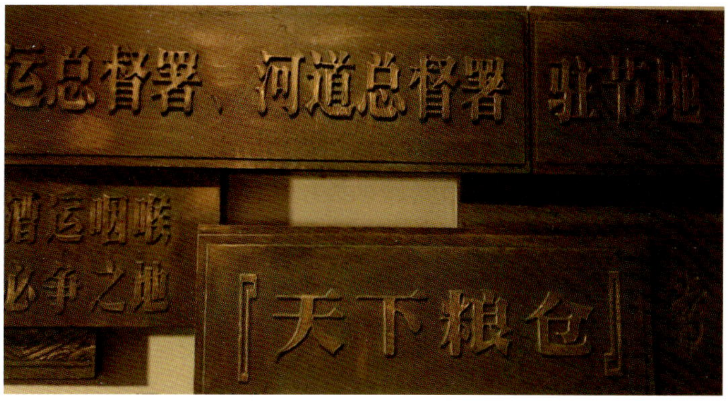

淮安西大街草市口，丰济仓旧址。丰济仓始建于宋代，前身叫常盈仓，后在清道光年间，重建更名，乃是明清四大名仓之一，常年储粮量保持在 300 万石左右。如今遗址的石板路上还留有运粮车的辙痕，百年风雨也未能将其磨平，当年漕运规模之大，漕粮数量之多，便可见一斑。所谓天下粮仓，丰济仓当之无愧。

上善若水，利万物而不争。隋炀帝显然不具备水的品性，后人评他，莫过于暴君亡国，但还有一件不得不提，那就是开运河。上善若水，处众人之所恶，水对杨广是恩慈的，正是这绵延的运河之水竟将他的斑斑劣迹洗净了几分。

公元 608 年，隋炀帝下令宇文恺挖掘永济渠，开凿通济渠、山阳渎和江南运河等河段，从而贯通起中国南北，建成了一条世界历上规模最大的人工运河，就是隋唐大运河。这条运河以洛阳为中心，南起杭州，北至北京，全长 2700 千米，连接黄河、淮河、长江、钱塘江、海河五大水系，流经中国最富饶的东南沿海和华北大平原。民间传说，隋炀帝修运河只是为了下扬州赏琼花，惹得怨声载道，民变起义。这显然只是传说，隋唐大运河实则以保障南粮北运为目的，奠定了京杭大运河雏形的同时，也将我国的漕运事业带入通达天下的时代。

唐朝时，漕运的路线和规模达到空前，为了更好地掌握这一水路命脉，统治者开始制定漕运规章制度，并在江淮、河南设立转运都使，管理运输事务。与时俱进的，还有漕运自身的运粮方式，开元年间，裴耀卿发明了“分段运输法”，之后刘晏在此基础上进一步完善为“转般法”。两次改革，合理地规划了漕运的时间和空间，运河利于航行的时候大举通漕，不利时，则将粮食存储于岸仓，等候下一次转运；根据各段运河地势和水势的不同，将整个航线分为长江、汴河、黄河和渭水四段，每段分别由相适应的漕船来进行运输。为配合分段运输，在各段运河的交汇处，还设立大型的中转仓，于是逐渐形成了长江粮船积扬州，汴河粮船积河阴，黄河粮船积渭河，渭河粮船积太仓的定制。这也成为此后历朝漕运的基本方法。

到了宋代，都城东迁，迁到开封，漕运沿途也开到开封。它从东南来，经运河，到淮安，过泗州向西北，走商丘，直达开封，这个路线延续了很长时间，当年运粮数量也很大，几百万担不在话下。这是一艘“汴河漕船”模型，曾经行驶在张择端的《清明上河图》上，薄板平接，多覆盖拱形舱，自重轻，而仓储空间大，是内河航行中平底船的典型代表，在北宋时，多用于长江以北的水路。

这个时期，漕船上的货物已不单单是粮、盐等专营物，而是装上了我国封建经济的集萃。丝、帛、茶、瓷、药材、手工业品等等都搭着漕运南来北往，行销全国。漕船所到之处更是繁华初现，开封、淮安、扬州、苏州等一批运河都市悄然兴起。周邦彦对开封盛景的描绘，可算是不惜笔墨：“自淮而南，邦国之所仰，百姓之所输，金谷财帛，岁时常凋。舳舻相衔，千里不绝。越舱吴艚，官艘贾舶，闽讴楚语，风帆雨楫。”

然而，京华一梦成旧事，疮痍满目繁盛地，汴河随着江山易帜而衰败，漕运的大旗握在蒙古人的手里，将又是另一番的张扬招展。元代，京杭大运河正式贯通，在元之前，中国的都城集中在河南陕西一带，从元代开始搬到北京，这时的运河重新进行截弯取直，并进一步开凿大量新的人工运河。新开凿的山东境内的济州河和会通河，使得原有的运河无需往西绕行便可直接北上，形成了北起元大都，向南直抵余杭的京杭大运河。但是，由于南北方水位落差较大，漕运航道在元代并不畅通。直到明永乐九年，工部尚书宋礼采用汶上老人白英的建议，在山东运河段修建南旺分水枢纽。通过筑坝截汶水，引汶水入运河，利用入水口处的分水石拔和运河上十多道水闸控制水位和流量，使漕船可以顺利通过地上河即黄河的支流大清河，从而使运河南北得以通畅。明朝起，漕运成为关系帝国命脉的一件大政，朝廷设漕运总督府来专管漕运。

中国漕运博物馆刘震馆长介绍说，漕运总督属于独立的一个行政部门，握有兵权，当时主管整个漕粮的运输，包括货物清查，河道疏浚修理等。总督漕运部院大堂遗址曾经发掘出一个房屋构件，通身雕的都是龙的纹饰，却刻画了一个鱼的嘴巴，此物名叫螭吻。俗话说，龙生九子，各有不同，螭吻也是龙其中的一个儿子，比较喜欢远眺，一般都生活在水里面，所以这样一个龙纹饰构件放在总督漕运部院上面，更能体现出它在朝廷当中的重要地位。

第一任漕运总兵陈瑄，他选淮安开府，淮安是大运河的中段，在黄淮交汇的地方，南北咽喉，是整个漕运的关键。当时，淮河风大浪急，运河漕船到达淮安后，要在河下古末口经过一番周折才能入淮水。末口的堤坝很高，堤的一边是淮河，另一边就是运河，船要过河不能挖堤，挖堤会导致水越冲越大，整个堤坝瘫痪，于是只能把船上的粮食一点点运下来，先把空船拉过堤坝，再把粮食重新装船运走，这个过程就叫盘驳。过末口不仅要承受盘驳之苦，还有翻船的危险，所以淮安成为漕运航道上最艰险的一段。很多漕运人平安过了淮河，就如同过了一个劫难，他们为了庆祝而小酌几杯，末口的清溪馆酒店，就是这样兴旺起来的。

避险是漕运发展的一大要义，老末口沉溺频发，陈瑄弃之不用，而是在淮安寻找新的入淮口。他疏通宋朝已经开凿的旧沙河并开渠造闸，改其名为清江浦，创建了新庄、福兴、清江、移风四闸，建立起一套新的入淮水利体系，清江浦开始成为南北孔道，占有交通枢纽地位。至今清江大闸还屹立在淮安市区古运河上，是我国千里运河上仅存的明代古闸。漕运的官员当中有一种官，叫闸官，就是专门控制水闸的，闸门两侧上下水位高差不一样，低水位的船进闸以后，把闸关起来后放水，让水位填充，船就能顺利进到高水位的河道里去了，从此漕运进入到正常的轨道。

清江浦的开凿为漕运带来新生机，但是河下镇的古末口并没有因此没落，朝廷规定，新开的河道清江浦只允许封疆大吏的船只和官船通行，其他漕船还是要在河下过淮。一时间，淮安成了全国最大的漕运集散中心，满城锦绣，繁华云集。

淮水安澜，得名淮安。这座城因淮河的庇佑而存在，因运河的通航而崛起。“襟吴带楚客多游，壮丽东南第一州”说的是它，“扬州千载繁华景，移在西湖嘴上头”说的是它，“南船北马，九省通衢”说的还是它。据文献记载，漕运兴盛的年代，这里帆樯林立，仓囤盈河，聚集着文武官员、巨商富贾、文人墨客和僧道名流。与此相应的，是园林、寺院以及茶楼酒肆等场所的兴旺，河下镇和清江浦的繁盛景象尤为风流。

商贾云集、奇货山列的是河下古镇，那里是市井鼎沸之地。各路盐商、民间商船在此驻足，他们的船要修葺，他们的货要集散，他们自己更要娱乐。古镇里日日锣鼓喧嚣，夜夜通宵达旦，钱庄、米行、酒肆、饭馆、药肆、铜铺，家家都是红红火火的。它们浓缩了明清时期百业兴旺的投影，它们曾经在这古老的石板路上遍地开花。如今，繁华已逝，摇绳巷的门头还在，却不见船影摇曳，打酒巷幽幽深深，却不闻纯酿扑鼻，小粉巷影影绰绰，却不亮一盏香灯。这里也给后人留下些许念想，时光保存下的文物不啻为古木新芽。2008 年 9 月在河下古镇，发掘出一片龙泉窑瓷片堆积地，整个暴露面积达到了 200 平方米，被发掘出来的瓷器没有一件是完整的，全部都是碎片。经考古学家论证，当时这个地方就是一个瓷器的质检场所，不合格的瓷器在这个地方全部都要敲碎，所以才会有这么大的暴露面积。

漕船经年过往后，留给古道两岸的还有更多遗踪，天妃宫里的起航拜妈祖，东岳庙前的粮安会祭黄飞虎，都是在祈求神祇，保漕运平安，保漕粮丰足。同时也反映出漕运文化与海洋文化、内陆信仰的相互渗透。这种思想上的碰撞表现在文学艺术上更是大放异彩。

楚州十番锣鼓，又称武昆，它是由宫廷的昆曲音乐随运河传至淮安河下，再由一方水土养育的民间音乐家孙育卿二度创作，加上了打击乐形成的民间色彩很浓的音乐体系。楚州十番锣鼓和漕运有着不可磨灭的血缘关系，它的创始人孙育卿本就是漕运的运粮官，漕运总督府带给淮安的地缘优势，是十番锣鼓滋生和传播的土壤，随着清末漕运总督府的撤销，楚州十番锣鼓也渐渐销声匿迹，一度成为旷世绝唱。

淮扬菜，又是因着漕运而生的淮安招牌。口味清鲜平和，咸甜浓淡适中，南北皆宜，是五湖四海之人在此交流、磨合的产物，体现了运河文化中庸平和的张力。

《窦娥冤》《西游记》两部举足轻重的古代文学作品，都与河下古镇有着千丝万缕的关系，关汉卿当年游览漕都，被淮安府署流传的一则冤案所启发，挥笔著成《窦娥冤》，故事中多次提到的山阳县，就是元代淮安的旧称。《西游记》的作者吴承恩更是土生土长的淮安人，他生活在一个流光溢彩的大都市，船客口中的传说，码头市集上的话本，儒释道各路思想的传播，凝聚成这部巨作诞生的天时、地利、人和。《西游记》中多处都可以找到运河的影子，比如四十五回《三清观大圣留名》中关于猪八戒撒尿的一段描写："那呆子揭衣服，忽喇喇，就似吕梁洪倒下坂来，沙沙的溺了一砂盆"。如果不是运河的养育，吴承恩怎么会想到吕梁洪这样滑稽而生动的比喻。

说罢河下，再话清江。同为淮安城的中心，清江浦则多了一些政治气息，自从陈瑄开埠以来，皇家贵族的漕船便从这而过，渐渐地，越来越多的民间漕船为了走捷径，也买通官员，涌向清江浦。各种船只都从这里走，导致了黄河水倒灌进来，黄河的泥沙不断在运河里沉淀，把河堤抬高，最后河道淤塞，无法通行。河道不是铁打的，长期以来，疏浚河道是由漕运总督兼管，直到清康熙十七年（1678），清政府在清江浦设立河道总督，专职治理运河。至此，淮安城里同时存在着两个直隶中央的机要部门，漕督和河督。可以说，漕运是这座城市恩宠的根源，康熙和乾隆 6 次下江南，都曾在清江的御码头登岸巡游。河督的府署清宴园多次成为乾隆行宫，被誉为江淮第一园，它揉北方园林的开阔与南方的玲珑于一处，尽显奢靡尊荣的气派。

清江造船厂，始建于明永乐初年，是明清时全国最大的漕船制造基地，船厂绵延 23 里，工匠 6000 多人，平均每年约造船 600 余艘，规模之大令人叹为观止。到乾隆后期，因为黄河与淮河经常泛滥，久治不好，阻隔了漕路，以至造船物料不能及时运送，清江船厂也逐步被裁撤。同样被漕路截断的还有漕运。清朝中后期，北上的漕船抵达淮安后，无法再通过遍体鳞伤的河道，只能改为旱路，清江浦由水上要塞，变成了全国水陆换乘的驿站，于是这里就有了"南船北马王营渡，九省通衢石码头"之说。表面上看，漕运依然盛景不衰，气象蓬勃，但其依附的封建经济，已是一具残年枯骨，短暂的回光返照后便急转直下，濒死垂危。

随着铁路运输的出现和近现代工商业的发展，漕运已非必需，再加上黄河改道，运河浅梗，漕运更成了得不偿失的老古董。光绪二十七年（1901），清朝政府正式颁布停漕改折法令，漕粮全部改征钱币，历经了几番起落的漕运大业终究风平浪静，淡出了历史洪流。

三千里烟波往事，两千年家国沧桑，枕水一梦醒，两岸已是万家灯火。

淮安中国淮扬菜文化博物馆

眼前的这盈盈一水，柔情依依，婉转萦回。很难想象，这里就是当年黄河夺淮的主战场。淤沙层层叠叠，镌刻在高高的河床上，犹如道道年轮，告诉人们，这里曾经也是烟波浩渺、百舸争流。

有人称这条河为淮河，也有人称它为古黄河。

河岸上的这座古城，有九省通衢、南船北马之称。便利的水运交通，曾让这里冠盖喧闹、贾客纷然。那时，这里叫清江浦，因为在淮河以南，也被称为淮阴城。现在这里叫做淮安市。

流经淮安市的古黄河两岸，如今已是绿草茵茵，树木成行。中国淮扬菜文化博物馆就掩映在绿荫丛中。

四合院式的建筑，园林风格的庭院，环境优美的中国淮扬菜文化博物馆告诉我们，当年的商贾云集、人流如潮，不仅为淮安城带来了一时的繁荣富庶，还为天下的食客们，成就了被誉为东南第一佳味的淮扬菜。

淮扬菜的主要发源地是江苏的淮安和扬州等地，淮扬菜因此而得名。

中国淮扬菜文化博物馆集学术性、知识性、趣味性、参与性于一体，以其中的淮安菜为主线，揭示了淮扬菜悠久的历史文化内涵，再现了淮扬菜发源、发展、传承、创新直至鼎盛的历史进程。中国淮扬菜文化博物馆已成为传播和研究淮扬菜美食文化的重要窗口。

博物馆的序厅有四幅大型浮雕，漕都金咽图、河衙食府图、南船北马图和盐商宴客图。推动淮扬菜形成和发展的重要因素，尽在其中。

河馆、菜馆、民俗馆，是中国淮扬菜文化博物馆的三大主题展区。河馆展示了与菜文化相关的古淮河、古黄河以及运河等水域文化；菜馆展示了淮扬菜曲折的发展过程及其形成的哲学理念、美食风格，同时也介绍了古往今来淮安大地上精美的肴点，精湛的烹艺，精彩的轶事；民俗馆再现了淮安古老的良风美俗，展示了他们饮食的流风遗箴，揭示了淮安人民与饮食相关的生活理念和审美情趣。

饮食流派的形成，离不开特定地域的自然环境和历史人文条件。作为江苏大地上最早有人类聚居的地方，淮安气候适中，食料丰饶，为创制美味佳肴提供了物质基础，所谓“江淮熟，天下足”。各种农作物的普遍种植，各种家禽家畜的大量人工饲养，使江淮地区在全国的地位举足轻重，所以还有“走千走万，不及淮河两岸”的说法。淮安河环湖绕，尤其是烟波浩渺的洪泽湖，淡水产品种类繁多，有“日出斗金”之誉。

淮安濒湖带河，多水少山，不产海陆八珍。但善良勤劳智慧的人们，积千年之功，夺山川造化，用心血和汗水孕育了堪称异珍瑰宝的烹饪技艺。淮安产殖的“鱼虾蟹鳖”由此名扬天下，淮安生长的“山药蒲菜”因此身价百倍。以凡鱼野蔬与山珍海味分庭抗争，是淮扬菜的过人之处。

淮安有考古实证的饮食文明，可追溯到旧石器时代晚期的“下草湾文化”，距今约五万年。青莲岗出土的新石器时代陶器中，多为炊具和餐具。这表明六七千年前，人们已经掌握了一定的烹饪技术，美食文化初见端倪。在此后漫长的饮食文化演进过程中，追求健康长寿、以食养生、悦生，逐渐成为乡风民俗。

西汉文景时期，著名辞赋大家枚乘为楚太子开列了一份菜单，叫做《七发》，据说是中国最早的一份食疗菜单。枚乘是淮安人，他在菜单中列举了很多家乡的精美肴馔和佐餐酒酱。由此可见当时皇家贵族的饮食相当丰盛，烹饪技艺也有了较高的水准。

隋唐大运河全线贯通后，运河之滨的淮安一时间商旅云集，物阜民丰。“酒酣夜别淮阴市，月照高楼一曲歌”，温庭筠在《赠少年》中的诗句，正是唐宋元时期淮安初步繁荣的真实写照。

梁红玉，南宋时的巾帼英雄，淮安楚州北辰坊人。让家乡人民至今念念不忘的，不只是她击鼓退金的英勇事迹，还有她为乡人发现的一道绝味美食。

蒲，是一种多年生草本植物，生长在池沼中，高近两米。叶长而尖，可用来编制席和扇，根茎长在泥里。

南宋绍兴元年（1131），金国十万精兵攻打淮安，梁红玉随丈夫韩世忠领兵镇守淮安，被金兵长期围困。在内无粮草、外无军援的情况下，偶然发现战马嚼食蒲茎。她便亲自率领将士，挖掘蒲根充当军粮，解决了粮食尽绝的困境，终于打败了金兵。自此，食用蒲菜在淮扬一带广泛流行开来，淮安民间，蒲菜又被称为“抗金菜”。如今，蒲菜在当地成为宴席中一道必不可少的主菜，所谓“无蒲不成宴”。

到了明清时期，淮安成为全国的漕运指挥中心，河道治理中心，漕船制造和漕粮储备中心，也是淮北盐的集散中心。此时的淮安已成为江淮一带的经济政治中心，被誉为“壮丽东南第一州”。商贾的云集，人流的汇聚，需要有一个庞大的饮食业为之配套服务，这给淮扬菜的发展带来了良机。尤其是河漕盐榷衙署的烹天煮海，淮北盐商私邸的金穴琼厨，使淮扬菜的烹饪技艺达到了前所未有的高度。

那时候，因为运河与淮河落差大，为防止黄河水倒灌，朝廷建了清江、惠济等四个闸口， 除了漕舟和三品以上封疆大吏的官船外， 行人商旅一律不得通行。他们到了王家营一带，南下的，要另换船只；北上的，要另换马车。于是，中国交通史上有了“南船北马王营渡，九省通衢石码头”的说法。大量的商旅在此停车候船，少则数日，多至数周，带来了庞大的多层次饮食需求，极大地刺激和推动了当地餐饮业的发展兴盛。从清河的码头镇到山阳城南门外，运河沿岸酒店客栈林立，全天候通宵营业，形成了“清淮八十里，临流半酒家”的盛况。

康熙和乾隆帝各有六次下江南，每次皇上南巡，沿线官员争相献媚邀宠，铺张接驾之风愈演愈烈。

黄河夺淮后，水患集中发生在淮安周边。康熙十五年，负责治水保运的河道总督署及其直属的数十个司道衙门移驻清江浦。河道总督署设在淮园，后改名清宴园。乾隆十五年，为迎接乾隆第一次下江南，总督高斌在园中兴建了荷芳书院。乾隆每次下江南，荷芳书院便是他途经淮安的行宫。在淮安，满桌的山珍海味没有引起皇上的兴趣，却有一道普通的豆腐羹让乾隆赞不绝口，连连称好。

自此以后，这道鲜美可口、清香爽滑的平桥豆腐便不胫而走，誉满江淮，成为淮扬菜系里的传统名菜。

平桥豆腐的制作方法并不复杂。烩制时，用原汁鸡汤，加上鲫鱼脑和蟹黄、猪油、葱、姜等佐料，煮沸后，将去卤的精豆腐片和熟肉丁、虾米、少许酱油一起放进锅里。烧开之后，用菱粉勾芡，再加少许味精便可起锅了。若要增加香味，还可稍加一点麻油或胡椒粉。

正宗的平桥豆腐，除了上述的辅佐料以外，关键还在于加工豆腐的刀工。平桥豆腐的碎片，就像瓜子一般，切得越薄，越显出刀工功底的深厚，做出的豆腐也越入味。

清宴园，这座有着五百年历史的河道总督御署园林，无论皇帝来或是不来，这里都是“脂膏流于街衢，珍异集于胡越”。据说清宴园里摆过一席长达百年的华筵盛宴，从清晨直到半夜，日日豪宴，不休不止，各色精美肴馔有一百多道。

河道总督的厨房中都是这样的五、六十眼炉灶，每位厨师一般只做一道菜点，目不旁及。完成后，即可飘然出游。许多人终生苦心孤诣，精研绝活。淮菜的精致，

烹艺的精绝，就是在这样的社会环境中形成的。

于是淮安也就有了“二难”之说。一是考秀才难，二是学厨师难，当时人们把学厨师看得与考秀才一样重要。除了修举业争取捞个一官半职外，学厨艺就是淮安穷苦民家子弟最好的职业选择。

这里供奉的是天厨星，传说他是老子的家厨。老子当年在淮河边老子山修道，欠了厨工的钱。后来老子尊为太上老君，便封他的家厨做了“天厨星”。淮安勺湖北岸有座老君殿，是淮厨帮会祭祀天厨星的地方。每年夏历七月十九，淮安周边的大厨都要到此举行集会，为天厨星做寿。

当年，淮安厨师队伍从业人数之众，整体水平之高，技术竞争之激烈，引起了朝野上下的瞩目，形成三股风：一是“要厨子”，二是“带厨子”，三是“送厨子”。

和、精、清、新，是淮扬菜的灵魂所在。有人为淮扬菜的脉络特征整理出十六字箴言：就地取材、土菜细作、五味调和、百姓创造。

软兜长鱼，久负盛名。所谓长鱼，也就是黄鳝，或称鳝鱼。长鱼实在是淮安人的最爱，当地的厨子曾用鳝鱼的各个部分做出了108道菜，称为全鳝席，软兜长鱼是其中的精品。

色质乌亮，质地醇绵，滑嫩味美，这是一道最能代表淮扬菜特色的菜肴。淮安人厚待宾客，如果席间没有一道软兜长鱼，主人会觉得很没面子。

中华人民共和国成立前夜举办的开国第一宴，以淮扬菜为主。当时从淮安选调了两个厨子进京，带去了淮安的鳝鱼，软兜长鱼是作为第一道菜上桌的。所以软兜长鱼也有共和国第一菜之称。

俗话说，百里不同风，千里不同俗。淮扬饮食文化体现了淮安人的生活理念、审美情趣和博爱情怀。

漂母救济韩信的典故，有了千金一饭的佳话；李白的诗句“斗酒烹黄鸡，一餐感素诚”，成就了一道酒焖黄鸡。淮安人不仅善良、好客，他们更有一鸡九吃的高超烹饪技艺。

传说明代淮城东门外有一户贫寒读书人家，刚娶了新媳妇，按当地风俗，亲家大姑小姨前来看望新娘子，叫做新亲上门，礼节十分隆重。可书生家徒四壁，实在拿不出像样的食物招待贵客。幸亏新媳妇心灵手巧，洗手下厨，宰了家中仅有的一只鸡，竟用它的不同部位分别做出了九道佳肴。这就是流传至今的淮安名馔“一鸡九吃”。

适生为宝、适体为贵、适口为珍、适时为佳、适量为宜、适意为快。淮扬菜文化的精华不在于多么精美，更不在于多么奢华。

今天，盱眙龙虾、洪泽小鱼锅贴，这些风靡海内外的中国式快餐，都是从农家、渔家饭桌上移植改良而来的。这些美食文化的优良传统，千家万户精湛的家常菜烹艺，正是淮扬菜发展取之不尽、用之不竭的活水源头。

盐城江苏淮剧博物馆

城南新区的聚龙湖，是盐城人休闲的好去处。虽然周围高楼林立，但倒映在了水中，却也是一幅动感的图画。环湖的小路曲径悠悠，杨柳荫浓，幽静而安谧。湖畔的一座古色古香的院落，掩映在一派现代气息中，更显个性。院落里偶尔传出的唱段曲调，会暂时打破湖面的宁静。好在，那是盐城人的家乡戏，经过湖水的过滤，那声音更悦耳了。

半片蝴蝶、半张脸谱，正门前的这组雕塑，远远地亮出了这个院落的主题。正门是两层门楼，粉墙朱门黛瓦，典型的明清建筑风格。喜爱书法的人，一眼便能看出，门楼屋檐下的匾额题字，出自言恭达之手。盐城淮剧博物馆不气派，也不张扬。四合院格局的院子里，红柱飞檐，长廊亭台，花木扶疏。宛若百年淮剧，小家碧玉，雅俗共赏。淮剧博物馆，汇聚了中国淮剧界的智慧和心血，以珍贵的文物，用最新的展示手段，彰显了淮剧的历史文化和艺术风采。

水载舟，舟载人，人起舞，舞拥月。博物馆大厅的这组古铜色浮雕，将人们带入“月照江淮淮调生，于无声处听淮调”的意境中，也拉开了博览淮剧历史长河的序幕。

淮剧，是江苏乃至华东地区主要的地方剧种之一。淮剧又称盐淮小戏、江北戏、江淮戏，起始于清乾隆嘉庆年间，流行于盐阜、两淮及上海、安徽部分地区。历经二百多年的风风雨雨，淮剧从质朴简单的水乡小戏迈入了都市艺术天堂，从草根艺术逐步成长为文武昆乱不挡的优秀地方剧种。

傩文化是江淮地域特有的远古时代文化。那种头戴面具，由巫师主持祭祀而吟唱的“香火戏”，至今还遗存在淮剧音乐唱腔中，它是淮剧发展的源头。

博物馆藏有一份从建湖县上冈村征集来的清代“吕氏家谱”。它真实地记录着吕氏家族八代传人从艺的经历，是我们了解研究淮剧历史不可多得的珍贵资料。

淮剧产生于市井田头，本质上是民间的。傩唱、车水号子、秧歌、牛歌、渔歌以及盐工号子，这些原始的艺术样态，都是推动淮剧向演艺转化的基本元素。

当淮剧从最初的民间伎艺、说唱、民歌、小调转入“香火戏”后，又与沿门乞讨卖艺而自唱清板的门叹词相结合。这种自敲竹板，自己演唱的吟唱方式，带有半叙述半戏剧的形式，是“盐淮小戏”的崛起与走向兴盛的开始。

“拉帏子”，是淮剧艺人早期卖艺的一种演唱形式，演员涂上简单的粉妆，用帏布或篱笆围成一个简陋的演出场所，观众在入口处买了筹子，方可进帏子看戏。

“搭墩子”，是盐淮小戏早期的一种生存状态。用砖土、竹竿、草席等物件随地搭建一个小小的平台，艺人用筷子敲打盘底，哼唱各种民间小调以及淮调。

到了19世纪末，淮剧剧坛情况发生了明显的变化，徽剧支脉“里下河徽班”纷纷向江苏北部地区延伸。一股逐浪而来的“徽潮”直接冲击着淮剧，由此，淮剧进入到了“徽夹可”阶段。

大量袍带戏、靠把戏、红生戏相继引入，淮剧“九莲、十三英、七十二记”的传统剧目初步形成。由于淮剧有了新的审美取向和艺术品格，也就将草创时候的江淮戏推向一个更加成熟的发展高度，由说唱发展成小戏。

20世纪初，苏北经济凋敝、民不聊生，大批淮剧艺人纷纷逃至上海卖艺谋生。到了1919年前后，因为有了京剧演员的介入，淮剧又走上了“皮夹可”，也就是“京夹淮”阶段，持续了一段很长时期的“一台淮剧半台京”的格局。机关布景、连台本戏，随之不绝于舞台。从此淮剧由小戏发展成了大戏，进入“江淮戏”的鼎盛时期。

盐阜、两淮是淮剧兴起时最先流传和最为普及的地区，直到中华人民共和国成立后，淮剧遍布江苏全境，乃至安徽、上海一带，并因地域文化特点的不同而滋生出多个艺术流派。淮剧有“东、西路”和“南、北派”之说。

西路，原指清江、淮安、宝应一片河网地带的淮剧，以唱“老淮蹦子”为主，声调刚烈、粗犷。

东路，则指盐城、阜宁、建湖一带地区的淮剧，以唱“下河调”和“拉调”为主，声调较为清亮、柔和。

南派，是指流入到上海的淮剧，他们以演唱“自由调”为主，声腔细腻、抒情，具有海派艺术风格。

北派，泛指江苏境内的淮剧，音调纯和、质朴，具有苏派艺术风格。

民国期间，淮剧在南京广泛流传，各厂矿及码头工友组成的淮剧社有百余支。有江淮戏“梅兰芳”之称的男旦沈月红还筹资兴建了胜利大戏院。

抗战时期，上海江淮戏班近百个。马麟童、王亚仙等在上海小木桥“中华新戏园”义演了反映爱国思想的连台本戏《精忠报国》，观众连场观看，踊跃捐款，场面感人。

此时，新淮剧运动也在苏北根据地兴起。苏北各县乡都成立了文工团或淮剧团，上演抗战题材的

现代戏近 700 台，其中《照减不误》《渔滨河边》最为著名。

新中国的成立给淮剧带来了新生，也给旧社会被称为戏花子的淮剧艺人带来了尊严。

1949 年，淮剧事业迅速发展，江苏境内成立了 40 多个淮剧团，上海成立 13 个淮剧团。

1950 年上海“麟童剧团”贴出“标准淮剧”戏报。这是以“淮剧”取代“江淮戏”称谓的重要事件。

1952 年，中央人民政府举办全国第一次戏曲观摩大会，上海人民淮剧团去北京演出，“江淮戏”被政府文化主管部门正式定名为“淮剧”，列入全国 420 个剧种之中。

1954 年，上海举办华东六省一市戏曲观摩大会，江苏及上海淮剧团体，移植创作新戏《不能走那条路》《五台山》《南访》《大过关》，均获得大奖。

1956 年，周恩来总理对戏曲发展提出“传统戏、现代戏、新编历史剧”三并举的要求，上海、江苏的众多淮剧团体，不断推出新剧目，淮剧走向全面繁荣。并形成了以上海淮剧团为代表的“南派淮剧”和以江苏省淮剧团为代表的“北派淮剧”。

1959 年，周恩来和陈毅在南京陪同西哈努克、胡志明观看由江苏省淮剧团张云良、方素珍、华美琴、杨桂芳主演的《金水桥》，以及张云良、朱菁华主演的《赞貂》，并接见主要演员，亲切询问剧团的情况。

淮剧在“文化大革命”中备受摧残，戏曲服装被毁，衣箱被封，绝大部分剧团被认为是“四旧”遭到解散。

“文革”结束后，新时期的文艺曙光又给淮剧带来了新的繁荣。此时，涌现了一批贴近现实、贴近生活的现代戏，呈现出传统文化与现代文明交相辉映的新的面貌。

20 世纪 80 年代，以《打碗记》《奇婚记》《离婚记》为代表的现代淮剧，多次赴京演出，得到了首都观众和专家的一致赞许，获得了诸多重大奖项。至此，淮剧在全国戏剧界终于占据了一席之地，人称“淮老九”。

淮剧自形成以来，名伶众多，声腔颇盛，且流派纷呈，斑斓绚丽。

凡熟悉淮剧的人们，或许能从这块展板上认出他们的名字。

淮剧杰出的表演艺术家筱文艳，端庄大气。她所创立的自由调声腔，开启了淮剧发展史上又一新的艺术时代，被人们尊称为自由调“鼻祖”。

何叫天，有着“万能泰斗”“苏北马连良”的称誉，是淮剧艺术史上的一代功臣。他文武全能，“生、丑、净”皆精。他所创立的连环叠句板腔，极具魅力。

谢长钰，江淮戏“四大名旦”之一，有“江北梅兰芳”的美称。他倾注一生所研制的拉调声腔，开创了淮剧雅俗共赏的音乐风格。

淮剧麒派老生马麟童，与京剧麒派大师周信芳齐名，英俊威武，表演从容霸气，唱腔粗犷豪放。他独创的三截调，也就是马派自由调，是淮剧声腔中的奠基之作。

李玉花，艺名潘二娘，以演唱清润甜亮的花腔而闻名，是淮剧从艺最早的第一代坤伶。她独创了六字结构体式的连环句，人称李玉花调。

周筱芳，最具阳刚之美和最具表现功力的小生演员，她的表演风格充满海派文化意味。

叶素娟，嗓音清亮甜美。那优美流畅的大悲调，便出自于她的首创。

杨金花是盐阜一带东路淮剧的代表人物，以创演软淮蹦子而成名。

西路淮调歌王周茂贵，以演唱原生态淮调而闻名。他唱腔特别，声音洪亮，一声能传三里。

淮剧集文学、诗歌、音乐、舞蹈、绘画、杂技、武术等众多艺术于一体，具有博大丰富的文化内涵。在它长期的发展过程中，吸收了徽剧、京剧等剧种的艺术营养，形成了丰富的剧目宝库、独特的音乐唱腔和令人赞叹的表演技巧。

人们总是将戏曲界统称为梨园。生、旦、净、末、丑，是梨园天地里的行当，淮剧舞台上的人物装扮也少不了这些行当，但主要是以生角和旦角为主。

脸谱，是戏曲演员面部化妆的一种程式。利用各种色彩和图案，显示人物的性格特征。一般以红色代表忠勇、黑色代表粗直、白色代表奸诈。丑角则多在鼻尖上勾画一个白粉块，俗称“豆腐块脸”。所谓黑脸的张飞、红脸的关公、白脸的曹操，是戏曲舞台上最典型的脸谱。淮剧的脸谱大多与京剧相同，只是少处略有不同。

“行头”是戏曲界对舞台上戏曲角色所穿戴的服装统称，包括盔帽、蟒、靠、褶、帔、靴等。淮剧的行头，基本上是沿用京剧的穿戴方式。

馆里收藏了一把国家级非遗传承人、淮剧名家张云良先生用过的关公宝刀。张先生常在《古城会》《华容道》《汉津口》等剧中，以“侧提大刀”“背竖大刀”“斜背大刀”等姿势，刻画出关羽神威、勇猛的形象。

淮剧传统戏表演，具有程式化、虚拟性的特点，既遵循戏曲表演所规定的固有程式，也有节奏性和夸张性的技艺身段表演，所谓“三五步千里万里，六七人百万雄兵”。

“一招鲜，吃遍天”是淮剧老艺人的看家本领。淮剧的表演，除具有舞蹈化的形体动作和手眼身法步五种程式外，还有各种难度极高的技艺表演成分。如跳判、爬杆、滚钉板、地溜子、踩跷、挑水、喷火、喷水、耍流星等，多半是从杂技中的蹬技、手技、顶技、踩技中移植而来。这些绝技的加入，使淮剧表演的民间艺术特色，更加丰富精彩。

早期的淮剧往往大多由家庭组成，也可招收外姓学徒，家长既是主要演员也是掌管行头、收入分配的班主。江淮地区的著名淮剧班社有同盛班、武家班、韩家班、单家班、陈家班、三元班、施家班等近二十多个。这些常年闯荡在江湖的戏班及梨园子弟，有不少人成为日后淮剧艺术团体的中坚力量。

“场面”是旧时对戏曲乐队的一种称呼，分文场和武场。淮剧的场面由二胡、琵琶、扬琴、阮、笛子、唢呐等民族乐器组成，以淮胡为主。淮胡是六角筒、平头杆造型，采用哆、唆定位法，外形与京胡相似。

敲板鼓的乐手又称板鼓佬，既是演奏家又是指挥家。

淮剧以建湖方言、中州韵为基础，形成了丰富的淮剧唱腔。淮剧唱腔以板腔体为主，有《淮调》《拉调》《自由调》三大系统 140 余种，曲调极为丰富。

淮剧传统剧目有一千余种，现代剧目有六百多种。在传统戏剧目宝库中以《九莲十三英七十二记》最为有名。所谓“九莲”是指剧中女主角姓名中有“莲”字的九出大戏；“十三英”是指剧中女主角姓名中有“英”字的十三出大戏；“七十二记”是指剧名中有“记”字的七十二出戏。

传统戏曲中，演员使用的物品均称为道具，有大道具、小道具、装饰道具和随身道具。道具的运用更能体现戏剧表演的虚拟性和写意性，比如以鞭代马，以桨代船。

中国戏曲的艺术传承，过去大多通过子女继承，收徒传艺的形式进行。中华人民共和国成立后，正规的戏曲学校才开始兴办，而淮剧的艺术学校则在七十年前就出现在盐城地区，我党领导下的鲁迅艺术学校就有淮剧班。

1958 年，盐城创办了鲁迅艺术学校。它继承着抗战时期的“鲁艺”精神，是一所定点培养淮剧专业人才的教育基地。五十多年来，会同各市、县戏剧学校、训练班、学馆，为各地剧团输送了上千名演艺人才。如今在各大淮剧院团挑梁、主演的编创、演员，都是从这座摇篮中走出去的佼佼者。

盐城是淮剧之乡，有淮剧文化的深厚土壤，有培养淮剧人才的摇篮，有一支为淮剧艺术辛勤耕耘的剧作家和理论家队伍，更有一批为淮剧的复兴与繁荣而顽强拼搏、锐意改革的淮剧表演团体。如今，淮剧已被列入“国家级非物质文化遗产”项目，保护淮剧，唱响淮剧，正成为盐城一道亮丽的文化风景。

这风景就在这一块块展板上，就在这一件件旧物中；就是这古戏台上票友们的一招一式，也是这戏台下戏迷们的一颦一笑。

聚龙湖畔的这所院落，便是照亮这道风景的长明灯。

盐城中国海盐博物馆

沧海桑田，恰如其分地描述了黄海之滨这座神奇的城市。

因盐而建，因盐得名，因盐而兴，有着 2100 多年的建城史，中国唯一一座以盐命名的城市——盐城。两千多年的盐业生产贯穿其历史发展的全过程，在盐城留下了丰厚的海盐历史文化遗存。

2008 年 11 月，一串白色的盐晶散落于串场河畔，中国海盐博物馆承担起记录并传承海盐文化的历史重任，正式开馆了。

中国海盐博物馆“海华盐晶”共分为四个乐章：分别记述了自然之盐的“生命之侣”、历史之盐的“史海盐踪”、人文之盐的“煮海之歌”和盐城之盐的“盐与盐城”。

第一个部分生命之侣，主要讲述海盐与人体的关系。海盐在形成过程中的物理化学属性，海盐与现代生活的关系，使人类认识海盐。

第二个部分史海盐踪，展厅讲述海盐历史，场景厅则是海盐生产方式的复制。主要讲述了从传说中的夙沙煮海一直到清末，整个海盐发展的制度史和生产发展史以及海盐运销史。

第三个部分煮海之歌，主要介绍海盐的文化，以及与海盐相关的民俗会节、神话传说、文学艺术、诗词歌赋等。

第四个部分是盐与盐城，是海盐与盐城发展的关系。盐城是全国唯一一座以盐命名的地级市。中国海盐

博物馆，这样一个国字号的博物馆放在盐城，是因为盐与盐城的发展，有千丝万缕的联系。可以说，盐城整个历史的发展，就是中国海盐历史发展的缩影。

盐作为“百味之祖”“食肴之将”，是人们不可缺少的调味品，由盐演化出的各种名菜佳肴更是风味独特、回味悠长。各种菜系的产生与发展、特征与风味，都与盐有着密切的关系。

淮扬菜与鲁菜、川菜、粤菜并称为中国四大菜系，它们均出自古代最为重要的产盐区。淮扬菜，始于春秋，兴于隋唐，盛于明清，素有“东南第一佳味，天下之至美”的美誉，这与当地的“淮盐”生产历史有着密不可分的关系。

走进中国海盐博物馆，穿越历史的时空，与海盐发展史同行。从远古时代传说先民们何时开始煮海为盐，到海盐生产在《史记·货殖列传》中的最早记载；从春秋战国时期，齐国管仲首提“官山海”，国家开“山泽之禁”，将食盐列入国家管理范畴，实行部分专卖，到汉武帝元狩四年，开始对盐、铁实行全部专卖，直接增加了国家财政收入，巩固了汉王朝的中央集权统治；从隋朝及唐初，国家实行宽松的盐业政策，到刘晏实行改革，创行“就场专卖法”，将商人带入盐业专卖的流通环节，为唐王朝带来了丰厚的收入；从两宋时期“钞引盐法”盛行到元代张士诚领导的盐民起义；从明朝边防“开中法”的实行缓解了当时的边关粮食问题，稳定了王朝统治，到明万历四十五年，创行“纲盐法”；从清朝采用“专商引岸制”，即商人凭引票支盐销售到指定的口岸，不得擅自越区销售，否则以私盐论处，到盐民纳税方式变化引起的生产方式的改变；从清末盐税、盐政的丧失，到民国时期“引法”的终结；从现代民族工业制盐的发端到新中国实行盐业大规模机械化生产。盐业专卖制度走过两千余年，影响着中国历代王朝的经济、政治、文化乃至整个社会的方方面面，至今仍是国家经济命脉中极其重要的一环。

中国海盐的生产技术演变经历了“煮海为盐”“淋卤煎盐”和“晒海成盐”三个阶段。在海盐业生产技

术演变发展的过程中，留下了一系列的生产工具。中国海盐博物馆保存了这套较为完整的海盐生产工具，包含从西周一直到近现代生产过程中使用到的盔形陶器、牢盆、盘铁等，直观而详细地记录和反映了中国历代海盐生产方式的演变过程。

海盐与中华文明的历史发展相呼相应，政治环境的活跃，生产方式的改善，生产工具的发展，为“煮海为盐”谱写了一曲又一曲的壮歌。

盐民用火艺术地练就了海的晶华，成就了盐商们的富甲一方。勤劳淳朴的盐民不仅创造了物质财富，还创造了多彩的海盐文化。

比如“拜盐宗”的场景，就给观众展示了盐民的生活风俗。夙沙氏、管仲、胶鬲是我国的三大盐宗。夙沙是我国的产盐之宗，长期生活在山东半岛上的一个古老部落。他们在生产生活的过程当中，经过不断地摸索，创造了将海水直接制成盐的生产技术。管仲是第一个实行盐业制度的人。胶鬲是我国的经盐之宗。孟子有云，“胶鬲举于鱼盐之世”。人们在春季生火煎盐的时候都要拜祭三大盐宗，以祈求他们的保佑。到了秋季灭火休煎的时候，也要拜祭他们，表达感谢之意。

元末，张士诚率盐民起义，义军所到之处对百姓秋毫无犯，攻城夺地后，便开仓济赈，民间素有“死不怨泰州张（士诚）”的民谣。当地百姓在每年农历七月三十这一天都要祭拜他。因为当时张士诚是被朱元璋所败，所以说人们不敢明目张胆的祭拜。便在七月三十这天，祭拜地藏王的时候，取藏和张的谐音来祭拜他。

又相传农历六月初六是东海龙王的生日，其他的三海龙王都到这里来为他祝寿，于是他就命令虾兵蟹将将海水打扫得干干净净，用这个干净的海水做出来的盐，做菜味道特别的鲜美。这件事情传到了民间，于是人们也赶着这天晒盐，所晒出来的盐叫做“龙王老爷生日盐”，俗称龙盐。

在中华民族灿烂辉煌的文化遗产中，有不少关于海盐起源和海盐被开发利用的神话传说。它们用丰富的想象、夸张的手法记述着海盐业发展的历史，展示着海盐生产经营管理者的理想和追求，凝聚着劳动者勤劳勇敢的品德和不屈不挠的精神。

盐城的建城史，就是一部海盐的开荒史。考古发现，五千多年前就有先民来盐城捕鱼、狩猎。周代海岸线逐步稳定后，即有先民来此搭灶煮盐。汉元狩四年，因盐置县，史称“盐渎县”。东晋义熙七年，更名为“盐城”，这个名称一直沿用至今。

中国海盐博物馆开放部主任夏春晖介绍说，盐与盐城的渊源可以追溯到春秋战国时候，到了汉代，汉武帝实行全国盐业专卖政策之前，有个著名的历史事件“七国之乱”，就是以吴王刘濞为首的七个诸侯王反对中央集权。吴王刘濞可以说是富可敌国，他可以煮海铸钱，当时诸侯国可以自行煮海铸钱，当时说的煮海，这个海就是盐城的海，讲的就是盐城的这段历史。唐宋时期是海盐制度的大发展时期，唐代安史之乱之后，再次实行盐业专卖，东南部盐税的收入，达到全国盐税收入的 50%。到了宋朝以后，尤其是南宋以后，朝廷的中心偏向了南方，最顶峰的时候东南部可达到朝廷盐税收入的 70% ~ 90%，而盐城作为一个重要的海盐生产基地，在这个时候也得到了非常大的发展。唐代的时候，盐城被称为上上县，一直到北宋都是这样。

到南宋以后，盐城的运势随着黄河夺淮而转变。黄河从淮河入海，很多老百姓逃亡。元代以后，宋金、宋元的战争，基本上都是以淮河为界来打，所以这个地方既是战场，又是自然灾害频发的地区。这段时间对盐城的经济有很大的影响，但是另外一方面盐业上并没有放松，包括南宋、元代，这一带的盐场成了军管区。明万历四十五年以后，朝廷的盐业制度变革。税收由原来的缴纳实物盐转变为缴纳银子。盐业由国家控制，商人起到管收、管销、管卖的作用。盐业运销以扬州为集散中心，淮河从盐城北部穿过，两淮盐区都在盐城境内生产，所以整个两淮盐区的盐业非常发达。

“遍身罗绮者，不是养蚕人。”虽然盐城的盐民非常穷困，但是给国家带来了巨大财富。盐城地方文化也与盐有很大的关联，比如说盐城的地名，盐城的村、组，有三百多个地名都与盐有关系。这可以说是非常重要的非物质文化遗产，一个地方的地名暗含着这个地方的生产历史。盐城有历史上最大规模的盐民起义——元末张士诚起义，张士诚也是盐城人。现在的射阳盐场和新滩盐场，是当时新四军在这里开辟的国营盐场。

盐城的兴盛史，就是一部海盐的发展史：几千年来，海盐的生产、运销活动与盐城地域的经济社会生活有着千丝万缕的联系，盐城这块土地上的各种历史文化遗存，无不深深地打上海盐文化的烙印。翻开盐城的历史，几乎每一个沿海城市、集镇都曾是海盐生产、运销的中心，每一条历史上的道路、河流都与海盐有关。

盐城的底蕴史，就是一部海盐的文化史：盐城历代民情风俗、文艺作品多反映了海盐文化对当地人民生产、生活广泛而深刻的影响。

清代中叶，在江苏盐城、阜宁一带流行着一种由农家号子和栽秧调发展而成的说唱形式“门叹词”，形式为一人单唱或二人对唱，仅以竹板击节。后与苏北民间酬神的香火戏结合，称为江北小戏。之后，又受徽剧和京剧的影响，在唱腔、表演和剧目等方面逐渐丰富，形成淮剧。

十八团杂技发源于盐城建湖。这里古代靠近大海，滩涂遍布，盐业生产发达。所谓“十八团”就是这一带的十八个盐业生产基地。后来随着滩涂的淤涨，海岸线不断向远方推移，建湖地区远离了海岸，失去了盐业生产的条件。物质的匮乏和生活的窘迫，使生活在这里的人们被迫以卖艺谋生。后来这批艺人走遍天下，“十八团”杂技在杂技界成为一个品牌，是我国著名的杂技故乡之一。

盐城的沿海开发历史悠久。古往今来，开发沿海始终是盐城人的梦想与追求。从西汉开始，盐城经历了三次大的沿海开发热潮：第一次是古代，兴灶煮盐，盐城成为重要的盐业生产基地，并因盐得名；第二次是近代以张謇为代表的实业人士废灶兴垦，垦荒植棉，盐城成为近代纺织工业的原料生产基地；第三次是当代，大规模围垦开发滩涂，大力发展种植业，盐城成为重要的农副产品生产基地。在当前实施的新一轮沿海开发中，盐城拥有融入长三角的区位优势，将成为盐城未来重要的经济增长极。

如今，盐城仍是我国重要的海盐生产基地。射阳盐场沙港工区工长周忠向我们介绍了传统的海盐制作过程，海盐生产的基本工艺，就是从海水打原料进水库，再到蒸发池进行一步一步地浓缩。从 1 度水浓缩到 10 度，到低级卤，15 度中级卤，20 度高级卤，24.5 度饱和卤。饱和卤水进入结晶池，通过每天的浓缩，进行结晶。工人一年扒一次盐，到了秋天，把卤水放干，把盐通过机械输送到大廪上，把盐干燥以后进行包装，再运到盐业公司。

沧海桑田，盐城如今继续以每年增加 3 万亩陆地的速度，向大海延伸。曾经的主要产盐区射阳盐场，如今只留下一个制盐工区，保留着传统的滩晒制盐技术。

一马平川的江苏盐城，南应浩浩长江，北接渺渺淮河，东濒涛涛黄海，独特的地域环境与气候条件，催生了盐城的物华天宝，人杰地灵。这里留下过许多先人的智慧，写下“先天下之忧而忧”的范仲淹在此为官。按海潮足迹修堤筑防，巧去隐患。如今，这条串场河历经千年依然清波荡漾，它穿城而过滋润着这座城市。

盐城的故事，由盐开始。两千年城市发展史可证，“煮海为盐”的千年风烟，孕育了盐城富有鲜明地方特色的海盐文化。海盐生产，经历了煮海熬波和天日晒盐的漫长过程。从人类第一次创造性地利用海洋开始，历代盐民直面熊熊烈火与炎炎烈日的双重煎熬，永不放弃创造新生的希望，在一半是火焰、一半是海水的艰难博弈中，盐民们谱写传承了不朽的历史篇章。

融上下数千年历史于一馆，集沧海桑田变迁于一地。中国海盐博物馆，从历史的深处走来，闪耀着斑斓的星辉；中国海盐博物馆，从黄海浪涛中驶来，呈现着踏浪而歌的风采。

扬州中国雕版印刷博物馆

早在殷商时期，我们的先祖就开始刻制和使用印章。纸张发明以后，祖先们又学会了摹拓的妙法。也许是受到印章和摹拓的启发，隋唐时期，有人就用木板代替石头，模仿摹拓的方式，发明了一种叫做雕版印刷的技艺。

文字典籍，是人类文化传播的载体，也是人类文明传承的使者。雕版印刷的发明，实现了文字典籍的大量复制，使得人类文化的传播和文明的交流，更为便捷。由此，世界各地的人们可以通过文字联系在一起。全球化，在以这项技术为先河的印刷术的推动下，逐步得以实现。

如今，作为实用的印刷技术，雕版印刷早已退出了历史舞台。所幸的是，总有那么一群人默默地守护着这门古老的技艺，硬是将它一代代地传承到了今天。

扬州，是雕版印刷的发源地之一，至今仍将这门技艺作为城市的文化符号。这里不仅有运用雕版印刷的生产基地、研究中心，还有雕版印刷的非遗传承人，更有一座以雕版印刷为主题的博物馆——中国雕版印刷博物馆。

中国雕版印刷博物馆建于 2005 年，与扬州博物馆新馆合并建设。建成后，扬州人称它为“双博馆”。

扬州城因运河而生，因水而延续。水的形是软的，性是刚的。一条犹如水纹的优美曲线将双博馆围合，折射出扬州城在历史的长河中，几度繁华、几度废弛、几度崛起，越挫越坚的城市韧性，也映射了扬州文化兼容并蓄的性格。

远远看去，“双博馆”像一本打开的古籍，矗立在明月湖畔，庄重、厚实。

走近了看，“双博馆”又如两棵拔地而起的巨树，刻着历史的年轮，根深、蒂固。

扬州双博馆占地面积五万平方米，建筑面积两万五千平方米，展览面积近一万平方米。中国雕版印刷博物馆设在“双博馆”二楼和三楼的东侧。下层为“中国馆”，面积两千平方米；上层为“扬州馆”，面积一千七百平方米。

什么是雕版印刷？雕版印刷是在怎样的社会文化背景下产生的？当时具有怎样的物质基础和技术条件？雕版印刷又是在哪里，在什么时候出现的？雕版印刷的一般工艺是什么？雕版印刷在中国古代社会生活中的地位如何？印刷术的世界性传播产生了怎样的影响？活字印刷出现后，雕版印刷还有怎样的价值？扬州雕版印刷的地位和主要作品是什么？这些问题的答案，正是中国雕版印刷博物馆为我们展示的主题。

舒缓、流畅的展线上，串联着一幅幅生动的画面，仿佛有一位说书老人娓娓道来，讲述着雕版印刷的前世、今生。

序厅迎面的墙壁上，一个醒目的“雕”字，将我们带进雕版印刷的故事里面。“雕”字是反写的，旁边还有近百个“印”字，形象地揭示了雕版印刷的本质，雕版印刷正是在一块版片上反刻文字，然后再用版片多次重复印刷。

大约在公元前 550 年左右，这个星球的东西方同时出现了启迪人类智慧的伟人，释迦牟尼、孔子、亚里士多德是其中的三位。正是由于雕版印刷等技艺的出现，他们的伟大思想才得以广为复制和传播，成为全人类共同的文化财富。

雕版印刷因文字而生，为文字而用，文字传播是雕版印刷产生的初衷。

纸、墨等书写工具则是雕版印刷产生的必备条件。在纸还没发明之前，有铭文，还有简牍。由于它们携带不方便，所以人们在纺织业的启发下，利用植物纤维造出了纸张。墨，在我国主要采用松烟制墨法，将松木放置在竹笼里，用小火进行燃烧，在竹笼尾部搜集尾烟，尾烟最为清澈，制得的墨质便为上乘。

而雕版印刷的盛行，也许要归功于佛教的兴起。因为当时有这样一个说法，刻的经书越多，得到的回报也越多。所以人们大量地刻经，使雕版印刷术得到了广泛的传播。

印刷术发明的技术条件，则是从印章和拓石启发来的。印章的出现，大约在周代以前，最初是作符信用的。东晋时期，大的印章有四寸见方，上面刻着一百二十个字，已经是一篇短文了。所谓拓石，也叫拓本，是把纸浸湿，铺在刻有文字的石面上，用软刷子轻轻捶打，文字部分的纸就凹了进去。然后在纸上刷上墨，揭下来，纸上就印出了黑底白字。不过印章太小，石头也不易于雕刻，于是，人们在此基础上进行了改进，他们想到了用木板来替代石头，创造出雕版印刷技术。

雕版印刷起始于隋唐之际，唐代得到了初步发展，在国内形成了几个印刷中心，扬州就是其中之一。

到了宋代，雕版印刷大为盛行，进入了“黄金时代”。全国各地，不论官方还是私人都在刻印，刻印书的种类相当繁多。

元代的雕版印刷，对中国雕版印刷的发展起到了承上启下的作用，这一时期出现了朱墨双色套印，也出现了简化字。

明代是雕版印刷的鼎盛时期，各种技术都发挥到淋漓尽致，还出现了饾版和拱花饾版，也就是多色套印。

清代，版画推广到了百姓人家，是雕版印刷物最普及的一个时期。

虽然一时盛行，人们也还是发现了雕版印刷的美中不足，雕一本书，所花的人力物力相当大，如果书不再出版，印刷过的雕版就浪费了。这时，有人就发明了活字印刷术，发明者是北宋庆历年间的毕昇。最早的活字是用胶泥为原料，由于容易缺损，不易保存，所以没有得到推广。接着又有人发明了木活字。这是一台转轮排字架，其中一个转盘是按韵母相同而归类好的木活字，要印刷的时候，一个人唱韵，另一个人把字挑出来放入另一个盘里，这样就大大提高了印刷的速度。

中国先进的印刷技术先后被传到朝鲜、日本和东南亚，又通过丝绸之路传到欧洲。西方的文字由字母组成，活字运用起来更便捷，不久，欧洲人就发明了印刷机和铸字机。

扬州雕版印刷博物馆三楼入口处的一组雕塑，将书籍、荷花、五亭桥、白塔剪影与唐代文人元稹、白居易的塑像组合在一起，这是在告诉我们，扬州与雕版印刷有着不可分割的联系。而在唐代，扬州的雕版印刷业即已形成了规模，并且一直延续到今天。

唐穆宗长庆四年，诗人元稹为好友白居易诗集《白氏长庆集》作序，其中说到“扬越间多作书模勒天及余杂诗卖于市肆之中也”。这里说的模勒，就是依照原样雕刻的意思。

其实，扬州在隋代就具备了出现雕版印刷技艺的条件。当时扬州是全国的政治、经济、文化中心，作为陪都，繁荣程度不亚于洛阳。尤其是隋炀帝开凿大运河后，扬州交通更加便利，城市地位得到进一步提升，为雕版印刷的产生和发展提供了较好的物质基础。当时扬州的佛教异常兴盛，佛经和佛像的需求量非常大，单纯的手抄已经不能满足需求，于是，雕版印刷应运而生。随后的岁月里，雕版印刷在扬州乘势迅猛发展，清代达到了鼎盛。此时，出现了家刻、官刻和坊刻三足鼎立的局面。

家刻是私人用于收藏，独自出资的方式刊刻的书籍。清代扬州所刻的书，家刻本占了大多数，精品也最多。经济富庶，文人大家辈出，是扬州家刻图书快速发展的主要原因。

扬州人文荟萃，扬州八怪、八大山人等纵横扬州文坛数十年，所完成的著述很是丰盛。据说扬州八怪吴敬梓所批注的《儒林外史》就是在扬州印制的。郑燮的行书十分老练苍劲自成一格，他在扬州所出版印制的《板桥集》，就是自家刻版印刷的家刻本。八大山人中的金农先生的字体刚劲如刀，十分特殊，《冬心集》就是以他的独特的书法刻版印刷完成。

自从宋代欧阳修的平山堂之会，历代的文人聚会在扬州形成风气，成为一种传统。到了清代，虹桥修禊尤为著名。虹桥就是现在瘦西湖门口的大虹桥，修禊是古代的一种习俗，每逢农历三月三，人们相聚在水边沐浴，以驱邪求福。后来由于文人的参加，就逐渐变成了一个诗集盛会。活动结束以后，几天之内，很快就将诗文刊刻出版。这在当时，简直有些匪夷所思。

官刻，是在官僚机构主持下的刊刻。清代扬州的官刻规模远胜之前的朝代，设立了专业刻书机构，集中人力、财力从事刊刻。曹雪芹的祖父曹寅曾奉康熙皇帝之命，在扬州天宁寺内主持刊刻《全唐诗》，为此还特意设立了“扬州诗局”。

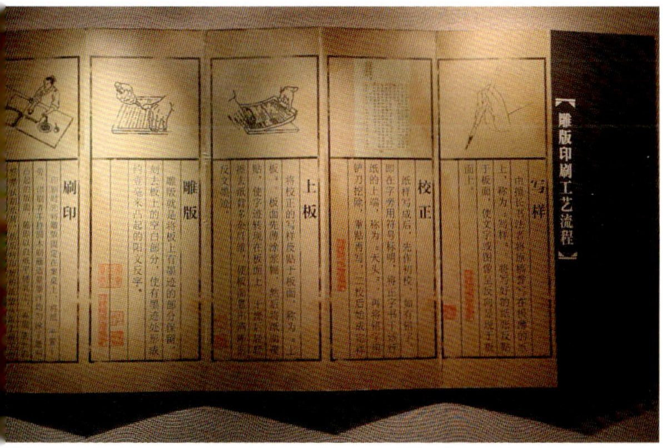

扬州产的《全唐诗》，世称“中国雕版印刷第一书”。当年曹寅将样书送进宫，康熙审阅后颇为赞赏，朱笔一挥：“刻的书甚好！”

除了家刻和官刻之外，在民间还有一种以盈利为目的的坊刻。坊主聘请雕版印刷工匠，集中于书坊内刻印图书，逐步形成某个书坊独特的刻印风格，或是在某个地区形成坊刻的流派。云蓝阁，是当年扬州南皮市街上的一间坊刻，前店后坊的格局，店主叫陈云蓝。云蓝阁主要卖些名人字画和木版年画。

在展厅三楼还有一处神秘之地，那就是博物馆镇馆之宝的藏身之地。在一间面积大约有两千平方米，恒温、恒湿的玻璃屋里，摆放着一排排的棚架，上面放满了色泽暗黑的木版，这些木刻版的尺寸大多很相近，宽度约 25 ~ 30 厘米、长度约 50 ~ 60 厘米。版材通常使用梨木、枣木、银杏木，这些木质易于雕刻，且上色较均匀。

馆藏的古代雕刻版片，大多从江苏、浙江一带收购而来，一共近 30 万片。当初，中国雕版印刷博物馆选择在扬州建设，正是因为扬州地区收藏了大量的古代珍贵版片。在扬州建立雕版印刷博物馆，还有一个重要原因，扬州仍然保留着一处雕版印刷的机构，保存了一整套古代雕版印刷工艺流程，这就是广陵古籍刻印社。

眼下，广陵古籍刻印社虽然正处在搬迁阶段，但在过渡的厂房里，我们仍然可以见识到雕版印刷的完整过程。

第一步，写样。在抄写样稿的薄纸上画好直格，每一直格内用虚线画上一条中线，俗称“花格”，请擅长书法的人用柳、颜、欧等书体在薄纸上抄写出样稿，抄写好后，认真地校对一遍。错误之处用刀裁下来，另贴一片白纸，重新正确抄写。

第二步，上版。上版也称上样。通常是在表面打磨光滑的木板上刷一层稀糨糊，将样稿有字的一面向下，用平口的棕毛刷把样稿横平竖直地刷贴到木板上。

第三步，刻版。刻版前先用指尖蘸水少许，在样稿背后轻搓，把纸背的纤维搓掉，使写在样稿上的字清晰得如同直接写在木板上一样，便可以雕刻了。

刻版是用锋利的刻刀把版面空白部分向下刻出一定的深度并剔除，使版面上有墨迹的字或线条向上凸起成为浮雕，便成为现代所称的“凸版”。刻版工具多达 20 余种，各有不同的功用，最常用的是拳刀。拳刀的主要功用是刻除木板上无需印刷的部分，使需要印刷的字或线条呈浮雕状凸起。

刻版时首先要“发刀”，也就是用平口刀刻直栏线，以及将每个字的横笔都刻 1 刀，再按撇、捺、点、竖，自左向右各刻 1 刀，横笔要平要细，竖要直，粗于横笔。接着是“挑刀”，也就是按照发刀所刻刀痕，逐字细刻，字面各笔略有坡度，呈梯形。挑刀完毕后要“剔脏”，用铲凿逐字剔干净字内多余的木块。再用月牙形弯口凿，以木槌仔细敲凿，除净无字处的余木。

第四步，印刷。先以帚子将水墨涂刷在经版上，再将宣纸覆上，用擦子压擦，然后揭下印好的书页，印出来就是白纸黑字。

第五步，装订。装订有十几道工序：切书、打眼、分页、折页、撮齐、捆扎、压实、数书、齐栏、串纸捻、贴封面封底、配书、装线、贴签条、装函套。

2009 年 9 月 30 日，扬州广陵古籍刻印社与南京金陵刻经处、四川德格印经院捆绑申报的“中国雕版印刷技艺”，被审议并批准列入《人类非物质文化遗产代表作名录》。

雕版印刷的发明，被称为是“神圣的发明”，是“人类文明之母”。雕版印刷术的发明和发展，促使了文化艺术和科学的进步，推动了思想及社会变革，极大地改变了人类社会的面貌。作为一项传统工艺，雕版印刷是不朽的。作为一项促进社会和文化发展的重要手段，雕版印刷是中国乃至世界印刷史上的一座里程碑。

扬州中国剪纸博物馆

扬州，一座古老的城市，两千五百年来流传着多少可歌可泣的动人故事，谱写了许多波澜壮阔的绚丽华章。扬州，一座美丽的城市，古运河畔，风景秀丽，四季分明，气候宜人。烟花三月下扬州，有多少中外游客为之陶醉，又有多少文人骚客为之写下了不朽的诗篇。扬州，一座繁华的城市，交通发达，物业丰富，商贾云集，吴歌遍地。腰缠十万贯，骑鹤下扬州。这里有数不尽的工艺瑰宝，这里有听不完的千古绝唱。

中国剪纸博物馆坐落在扬州东圈门历史街区盐商名宅汪氏小苑的后花园里。这里小巷深深，藏而不露，幽静典雅，古色古香与玲珑精巧的小苑环境融为一体，尽显古城风韵。中国剪纸博物馆由中国文联副主席、中国民间文艺家协会主席冯骥才先生倡导并题写馆名，扬州工艺美术集团和扬州工艺厂有限公司共同投资建设，以保护、传承和发展中国民间剪纸艺术为己任，旨在促进中国剪纸事业的繁荣。

中国剪纸博物馆建于 2007 年。博物馆的宗旨是把扬州散落在民间的一些剪纸艺人、剪纸大师集合起来，进行传承传播工作。这个博物馆面积大约一千平方米，分三层楼。一楼是传播工作室，做一些简单的传承工作，搞一些活动。二楼是多功能展厅。三楼是大师工作室。

中国剪纸历史悠久、独具特色，是深受民众喜爱的艺术形式之一。它根植于民间，千百年来，以多样的表现形式和殊异的艺术风格不断适应着各个时代人们不同的审美需求，美化着人民大众的生活。

中国剪纸流派众多、异彩纷呈，或豪放粗犷、浑厚纯朴，或纤细秀丽、玲珑剔透，或疏密流畅、精巧明

快。郭沫若先生曾作诗：“曾是北国之窗花，其味天真而浑厚。今见南方之剪纸，玲珑剔透得未有。一剪之巧奇神功，美在人间永不朽。”

进入中国剪纸厅，这里展出的是中国民间文艺家协会捐赠的近四百幅来自全国各地、各个时间、各种流派的剪纸精品。这些作品有的灵巧典雅，有的深厚简朴，给人以美的享受。

张永寿先生的《百花齐放》剪纸是扬州剪纸的代表作品，它玲珑剔透、秀丽典雅，书卷气浓郁。1958 年，大诗人郭沫若先生写了《百花齐放》诗集，张永寿深深为郭沫若诗中的意境所感染，决心为诗集配剪纸。他细品诗句，深入构思，捕捉形象，寄情于剪，竟半年之功，配齐了 101 幅剪纸。郭沫若对张永寿的剪纸给予了高度评价，亲笔题诗相赠：“扬州艺人张永寿，剪出百花齐放来。请看剪下出春秋，顿使东风遍九垓。”

河北的点彩《窗花》是另一种风格的剪纸。河北蔚县剪纸源于明代，是国内外享有盛誉的民间艺术。其制作工艺在全国众多剪纸中独树一帜。以薄薄的宣纸为原料，再点染明快绚丽的色彩而成，这些作品构图饱满、造型生动、色彩绚烂，浑厚中有细腻，纤巧里显纯朴。把它贴在窗纸上，透过户外阳光的照射，分外玲珑剔透、五彩缤纷，显得特别鲜灵活脱，别具情趣。陕西的剪纸表现出传统乡土文化根深蒂固的美学思想。其代表剪纸《山村人家》显露出创造者的真挚情感。山西剪纸素有质朴、粗犷、雄浑、博大之气。其代表作《景泰蓝瓶》，体裁为典型的凤喜牡丹，却把景泰蓝的独有风貌结合得浑如一体，堪称剪纸中的精品之作。

扬州剪纸以其秀丽、灵动、柔美、典雅的艺术风格成为南方剪纸的杰出代表。踏进扬州剪纸展厅，分明有一股浓郁的花香扑面而来。花香是从扬州剪纸大师们所剪的百式花卉中来。这里是《百花齐放》的故乡，这里散发出特殊的剪味，这里萦绕着张永寿和他的弟子们不灭的灵气。

扬州剪纸是一门古老的艺术。扬州剪纸起源于汉代，它伴随民俗生活而产生，并应用在漆器、铜器、彩胜、灯彩、刺绣等民间艺术形式上。汉代时，扬州流行镂金作胜的习俗，即用金银箔或丝帛剪刻成花样，剪成几何形者为方胜，剪成花草形者为华胜，剪成人形者为人胜，以贴于物品上，戴之于头鬓间，或赠予亲友，当为彩胜。唐代，扬州剪纸报春已成风俗。立春之日，民间剪纸为花，又剪为春蝶、春钱、春胜，或悬于佳人之首，或缀于花下，相观以为乐。扬州自古多奇花异卉，历代扬州的文章太守，诗人墨客，莫不寄情花木，以此装饰风雅，演绎了许多韵事，写下众多名篇，这为剪纸提供了重要的表现题材。扬州剪纸向来以花卉为主，是千年传统的一个重要体现。清代扬州，盐业经济带来城市的繁荣，扬州城内靠剪纸为生的民间艺人颇多。明清以来，扬州出现专业剪纸艺人，先后以包氏、张氏两个剪纸世家最为卓著。著名艺人包钧发明了剪纸书画，称为奇技神剪。所剪山水、人物、花鸟、虫鱼，无不入妙。清代陈文述在《画林新咏》中赋诗曰："剪画聪明胜剪花，飞翔花鸟泳萍鱼。任他二月春风好，剪出垂杨恐不如。"包钧将剪纸与绘画艺术完美结合，从而奠定了艺术型的基础。

中国剪纸博物馆馆长王京说，在同时期，扬州又出现了一种与扬州生活实用性相结合的民间剪纸。这类剪纸最早是鞋花样，最具代表性的是张永寿。

张氏剪纸，由张万国于清咸丰年间开创了扬州花样，后父传子又传媳，传女又传婿，至张永寿这一代已是延绵五代，都是剪花样的。张永寿与他的父亲张金盛都被人称为张三麻子。

张氏父子剪鞋花、剪枕头花、剪帐单花，家喻户晓，无人不知。张永寿为何被称为张三麻子，扬州剪纸国家级传承人张永寿的女儿张慕莉说，她的父亲和爷爷都从小出天花，脸上留下了好多的斑点，所以人家都叫他们张三麻子。但是他们并不因为这个外号而生气，被叫得久了，外人只要一提到张三麻子，就知道是这剪纸的一老一小。

后来，张三麻子剪花样在扬州乃至大江南北传为佳话。张永寿还在扬州多子街上开设剪纸铺，并自编了一首宝塔诗，刻戳印在剪纸包装上：

张
三麻
剪花样
百式皆像
名扬全市上
人称剪花巧匠
名誉不是一日创
各界妇女看了欢畅
如果需要什么新花样
就请来到扬州多子街上

张永寿，张氏剪纸第五代传人，10 岁便随父学艺，家学渊源、天资聪慧。12 岁以剪纸为生，奔走于镇江、南京、上海及苏北、皖南一带。

张永寿从小就是靠这个手艺吃饭，从 12 岁开始就在外面跑江湖，走街串巷地去表演去销售。那个时候只有大家闺秀才会绣鞋花，所以经常有一些大户人家把张永寿请过去，让他在家里剪一天，包吃、包住，给工钱。

1979 年，张永寿获得了唯一的在剪纸方面正式命名的国家工艺美术大师称号，他的艺术成就也由此享誉国内。至此，扬州剪纸进入一个新的辉煌时期，张家剪纸也发展到了顶峰。

扬州剪纸以剪刀和宣纸为主要创作工具和材料。扬州剪纸选用的剪刀很讲究，须大小合乎创作者的手，因人而异，专人专用，且钢火好，刀刃薄、刀头尖，一般也由自己打磨。

扬州剪纸选用未经染色的素白安徽手宣，须质地平整，厚薄适中，柔韧性高，不含杂质。好纸剪起来体饱，看起来有精神，线条比较柔和，比较细腻。张永寿剪纸时一般把宣纸压在潮毛巾里，让纸微湿，把四张宣纸牢固地粘在一起，剪的时候不容易分开，他在细节方面特别用心。

临剪之前，往往需要在宣纸上打初稿，即以不伤纸，不留墨的笔状物，在宣纸上勾勒出印痕，考究的用象牙笔。而大师级的剪纸艺人，在剪他们熟悉的花样时，就不用打底子而直接开剪。胸中千般菊，剪下出奇花。60 多年的艺术实践，使张永寿养成了敏锐的想象力和丰富的创造力。

张永寿对扬州剪纸的贡献，在于他继承和发展了扬州剪纸以表现花卉为主，剪中有画的传统。他的《百菊图》《百蝶恋花图》等作品将这一传统发挥得淋漓尽致。《百菊图》从整体来看是一部集剪菊之大全的皇皇画卷，从单幅作品来看，在统一和谐的韵律中，又各自有着章法上的变化。那麒麟角顿角峥嵘、昂拓可喜；那紫松针锋芒毕露、俏拨可佳；醉红妆如美人酒后、不胜娇羞；芙蓉面似出水芙蕖、分外妩媚。他的作品以形传神，他剪的菊花不仅外形美，而且神韵足，呈现不同的个性，真是巧夺奇工、横生妙趣。《百蝶恋花图》是张永寿剪纸艺术的又一巅峰之作，被人们叹为剪纸艺术中的观止之作。这一幅幅花蝶初恋的剪纸，蝴蝶有情、花能解语、百般姿态、百样风光、乐趣无涯、意境深远，在无数观者的情感世界中激起共鸣，开拓出扬州剪纸的一代新风。

扬州剪纸源于生活高于生活，以张永寿为代表的扬州剪纸艺人们在深入生活对事物的潜察默记上，狠下了一番工夫，方能闭目如在眼前，出手如在剪下。张永寿总结出八个字：写实、变化、概括、夸张。张永寿剪纸，深受扬州精致文化的影响，追求物象的真实感，用灵动夸张的表现手法去追求一种内在的神韵，以求其完美，突出扬州剪纸细腻典雅、玲珑剔透的特征。张永寿的作品疏密相间、繁中有简、虚实相生、静中有动。比如《百菊图》中大多数花瓣都是阳线，大多数叶片都是阴线，虚实相生。《百蝶恋花图》中，蝴蝶配上花朵，一静一动，静中有动。张永寿在继承传统的基础上不断创新，实现了扬州剪纸由装饰型向艺术型的发展过渡，其剪纸艺术所达到的艺术水准是为人们所公认的。他不仅是一位勤勉的创作者，同时也是一位大胆的开拓者，他把民间艺术的审美品格推到一个更高、更宽、更有深度的境界，以独步一时的风格魅力，在中国剪纸艺术史上留下了久远的影响。张永寿先生 1989 年故去后，他的侄女张秀芳已成为当前代表性传承人，他的女儿张慕莉，徒弟翁文、熊崇荣、李烈峰等也都成长为大师级的剪纸艺术家。这里展出的他们的作品，既有先师遗风，又有自己的创新，美轮美奂、韵味悠长。一幅是张秀芳为庆祝中华人民共和国建国 50 周年而创作的作品《鹤舞云霄》。鹤乃象征长寿的灵物，此作将 50 只仙鹤按不同大小、不同姿态、翔于同一圆中，

有普天同庆之感。另一幅是张慕莉创作于 2006 年的作品《古瓶》。她在扬州剪纸传统题材和表现手法上大胆创新。她在作品中借用中国瓷器花瓶做外形，着力表现唐诗的深远意境。将人物、山水、花鸟、动物及书法、印章融于一体，构图简洁、线条流畅、阴阳相生、和谐韵美。

扬州剪纸是一门隽永的艺术，说它隽永是因为它历史悠久、延绵不断；说它隽永是因为它异彩纷呈、精品迭出；说它隽永是因为它蕴涵丰富、价值突出；说它隽永是因为它人才辈出、传承不息。2006 年 5 月 20 日，扬州剪纸经国务院批准列入第一批国家级非物质文化遗产名录。

一张纸，一把剪刀，用她特殊的语言讲述着中华民族古老的神话、故事和传说；表达了鸳鸯戏水、喜上眉梢、白头偕老的爱情；寄托了万事如意、四季平安、大吉大利的美好祝福；憧憬了国泰民安、人寿年丰、年年有余的美满生活；展示了改革开放、与时俱进的世纪风采；体现了中华民族最本质、最质朴的审美情趣。

扬州中国淮扬菜博物馆

中国的城市，大都因水而生、因水而兴，扬州就是这样的一个典型。

在人们的猜度下，隋炀帝当年开凿运河的初衷，或是奢侈浪漫，或是心怀远大。结论无关紧要，重要的是大运河终究成为了一条贯穿中国南北的大动脉，给后世带来了不尽的恩泽和永恒的眷恋。对于扬州城，大运河更是一条生命之源。

昔日大运河上的南来北往，滋养了扬州城的富庶和繁华。虽然今天扬州的古运河上不再有千帆竞过，百舸争流，但沿岸星星点点留存的历史遗痕，依旧显现出这座城市与水息息相关的性格和内涵。

古城的东南角，运河在这里划了一道美丽的弧线，曲线的顶端是扬州康山文化园。园内的建筑大都是仿古的，几乎看不到旧时匠人精雕细凿的痕迹。好在这里有一座老宅，康山园的历史才不是一片苍白。从外表看，古宅青砖黛瓦，与一般住宅无异。但置身其中，一种藏富不露的恢宏之气扑面而来。它就是卢氏古宅，是扬州现存最大的盐商宅邸。

毗邻卢氏古宅，中国淮扬菜博物馆静静地候在一旁。一座二层仿古式小楼，建筑面积两千八百多平方米。没有豪华的门脸，没有张扬的广场，也没有气派的建筑。如果不是造型与周围建筑有异，门前的这座小塔，很难留住路人的目光。塔内的碑上，有中国淮扬菜博物馆字样。如此低调，很难将它与一座国字号博物馆相关联。中国淮扬菜博物馆是继中国雕版印刷博物馆和中国剪纸博物馆之后，扬州建设的第三座国字号博物馆。

不露圭角，正是扬州城一向的风格：扬州的西湖比别人瘦，扬州的白塔也较他人小。

空间狭小却不显拥挤，陈列简约却不失精致，这是中国淮扬菜博物馆展示区给参观者留下的第一印象。展示的形式与大多的博物馆相仿：实物、文字、图片和模拟场景。

淮扬菜发源于扬州，并在扬州得到了传承、发展和壮大，是扬州悠久历史文化的奇丽瑰宝。2001 年 8 月，中国烹饪协会认定扬州为全国首个菜系之乡——淮扬菜之乡。2005 年 4 月，扬州市淮扬菜历史文化博物馆在何园开馆。2009 年 4 月，中国烹饪协会批准在扬州建立中国淮扬菜博物馆并予授牌。

博物馆设有三个展区：饮食德和，根在扬州；玉盘珍馐，惠风和畅；挹古扬今，再展辉煌。中国淮扬菜博物向我们展示了淮扬菜博大精深的历史文化内涵；阐释了淮扬菜与扬州城源与流的关系；讲述了帝王、盐商、文人以及百姓与淮扬菜之间的趣闻轶事；展现了淮扬菜在当代发展取得的一系列成果。

扬州餐饮始发于新石器时代。扬州考古发掘中发现了许多古炊器、食器和原料化石。扬州食器是扬州饮食文化的重要载体之一，主要有炊具、餐具、酒具和盛具。

汉代的扬州，烹饪已达到很高水平。枚乘所著的《七发》，就折射了当时王府宫廷菜肴的丰盛。枚乘是吴王刘濞的文学侍从，《七发》第二段是一份难得的扬州菜单，极具史料价值。

隋炀帝三幸江都，将北方烹技带到扬州，而且沿途各地竞献水陆珍奇、珍馐美味，给扬州厨师兼收众家之长提供了有利条件。大运河的开凿，扬州成为南粮北运、淮盐总汇的咽喉之地，丝绸、茶叶、瓷器、药材、手工艺品等物资在这里集散，这也将烹饪技艺推进到一个新的阶段。《隋书》和《资治通鉴》中，都有隋炀帝在江都饮宴活动的记载。

唐代的扬州“百种饭食，异常弥满”，与成都一同富甲天下，且有“扬一益二”。安史之乱后，皇室成员大批南下，推动了南北、中外菜肴技艺在扬州的交流。

宋代，王禹偁、韩琦、欧阳修、苏轼、文彦博等文学家、诗人任扬州太守。写下许多美食诗文，丰富了扬州菜的文化内涵。

明代的扬州更是“扬州饮食华奢，市肆百品，夸视江表”。

到了清初，淮扬菜进入鼎盛时期。康熙、乾隆帝南巡，扬州为迎圣驾，大摆宴席，山珍海味争奇斗艳。扬州盐商饮馔精凿，殆无虚日。他们讲求服色肴馔，奢靡之风极盛。每次宴会动辄数万钱。官员、盐商、文人频繁的饮宴活动，促进了扬州菜技艺的提高。

康熙六次下江南，每次在扬州一住就是十几天。每天都是看戏、宴请，最多的一天，摆了一百桌宴席。《乾隆三十年江南节次膳底档》《乾隆四十五年节次膳底档》《乾隆四十九年节次膳底档》《乾隆三十年江南额食底档》，这些底档都是乾隆南巡时，留下的部分御膳单。

历代帝王巡幸扬州，帝王对美食文化的追求，相当于在扬州举行全国性名师名菜大聚会、烹饪技艺大比赛、饮食文化大交流，这对淮扬菜的发展与昌盛，起到了推进作用。

扬州的盐业始于汉吴王刘濞煮盐，历经唐、宋、元、明，不断发展，至清朝繁盛超前。盐商生活侈靡，胜于王侯。

扬州诗文之会，以马氏小玲珑山馆、程氏筱园及郑氏休园为最盛。小玲珑山馆马氏兄弟马曰琯、马曰璐经常扫榻留宾。

扬州盐商巨子、西园曲水主人“每食，庖人备席十数类。临食时，夫妇并坐堂上，侍者抬席置于前，凡不食者摇其颐，侍者审色，则更易其他类”。

每年四月长江鲥鱼上市时，两淮盐政阿克当阿便派遣几条小艇，张网于焦山急流之中。艇中置办柴草锅釜，捕鱼后，立即宰杀、烹制。待小艇急归至平山堂时，鱼熟味香，与亲自在焦山烹食毫无差别。

两淮八大总商之首的江春，被誉作“以布衣结交天子”。乾隆两次亲临江春的别墅“康山草堂”传膳。并以“盐商之财力，伟哉”赞歎江春。

两淮八大商总之一的黄均泰，每天晨起，除食燕窝，饮参汤外，并进食两枚鸡蛋。此鸡的饲料，由参术耆枣等研细加工而成。

盐商和盐官的饮食场面浩大，环境典雅，菜肴奇特，选料精严，食器精美，风格鲜明。盐商饮馔促进了淮扬菜特色的形成和推广。

自古以来，扬州一直是人文荟萃之地，群星争辉之所。天下文士，半集维扬。名气最大的为“红桥修禊”“名园诗文酒会”等。“每会酒肴俱极珍美”，文人名士尚食，为淮扬菜增添了风雅神韵。

中国是诗的国度。扬州产生了一大批诗人和为数可观的诗作，其中许多与饮食风俗、烹调技艺相联系。李白、欧阳修、苏轼、黄庭坚、秦观、萨都剌、孔尚任、郑板桥、袁枚都曾在扬州居住，他们撰写了大量饮食诗文，评点扬州菜肴。美妙的诗文让淮扬菜更是名扬天下。

北宋庆历年间，韩琦在扬州作知府。有一年春天，府衙后花园中一株“金带围”忽然开出四朵花。韩琦便邀王珪、王安石、陈升之前来观赏，并对花设宴。酒酣兴畅时，韩琦等四人各簪一枝。后来，他们果然都登上宰相之位。从此，扬州的“四相簪花宴”被传为佳话。

欧阳修筑平山堂，常与文士登山欢宴，并取荷花布于堂内。宾主纵情诗酒。酒兴浓时，欧阳修令歌妓取荷传与宾客，依次摘瓣，摘到最后一瓣者，则饮酒一盏、赋诗一首。

康乾时，王士祯、孔尚任、卢雅雨等多次修禊虹桥，留下《冶春词》《虹桥唱和集》等佳作。一时文宴盛于江南。

伊秉绶任扬州知府期间，发明了伊府面，可以说是今日方便面之鼻祖。伊秉绶是嘉庆年间的扬州知府，他为官勤勉，常常秉烛办案写文书，有时一直要到深夜。他的家厨就把面条先煮好，晾干，下油锅炸。炸好之后用一个小砂锅把鸡汤熬好，然后把油炸好的面泡在鸡汤里，盖上暖焐放在老爷的旁边。当夜里老爷饥肠辘辘的时候，可以打开自取自食，不要再麻烦家厨夜里起床开灶弄火。这应该就是方便面的雏形了。伊氏还对扬州炒饭进行了改进，在葱油蛋炒饭的基础上，加入虾仁、瘦肉丁等食材，味美逾恒。

扬州八怪的饮宴活动，为扬州烹饪史定下了浓墨重彩的一笔。他们主张“白菜腌菹，红盐煮豆，儒家风味孤清”“不羡五侯鲭”“清斋胜大烹”。他们对烹饪有独特的理解，所谓“三冬荠菜偏饶味”“马齿堆盘野菜香”“湖上买鱼鱼最美”“一勺清汤值万钱”。这些都与他们“返璞归真”“自立门户”“借古开今”的哲学观和美学观一脉相承。

明清时期，扬州学者著有《野菜谱》《童氏食规》《扬州画舫录》《邗江三百吟》等著作，记载了扬州著名菜肴及名店、原料和饮食风俗。

惜余春是清末民初扬州教场一家茶肆。诗人们常会聚觞咏于茶肆，踊跃唱和，陈诗稿于四壁。

扬州民间传统饮食以清淡平和、咸甜适中的风味见长，是官府、盐商、文人美食的基础。民间饮食推动了淮扬菜的发展。扬州家常菜的制作水平普遍较高，许多家庭中的男、女主人都能“露一手”。扬州有“一日五餐”的习俗。

到九如分座“吃讲茶”，是扬州民间解决纠纷的一个绝招。扬州民风淳厚，差不多的事情笑笑就过去了。发生了解决不了的纠纷，而且双方都自认理直，就会到九如分座“吃讲茶”。按照乡规，公邀的乡贤和亲朋好友先喝茶吃点心，吃饱了就在桌旁面对面讲理。“中人”居中而坐，双方各坐两边，开始时双方茶壶的壶嘴相对，表示意见不合。若矛盾化解了，则由“中人”把两只茶壶的壶嘴相交，表示和好。若一方仍有异议，还可将自己的茶壶向后拉开，再行“叙理”。最终还是由“中人”评判，把双方茶壶拉到一起，若“中人”判一方理亏，则把一方的壶盖掀开反扣，以作裁定。

扬州地处长江和大运河交汇处，濒江依海，湖荡成网，尤以盛产动植物水鲜著称。扬州地产蔬菜遐迩闻名，这些为淮扬菜之昌盛提供了丰厚的原料基础。

自古扬州名厨辈出。清代，“扬州忆，精鉴聘名庖”。袁枚、赵翼等撰诗颂萧美人厨技。陈东官是扬州安澜园陈元龙家厨。乾隆南巡扬州，陈元龙将陈东官献给乾隆作御厨。《扬州画舫录》载：“烹饪之技，家厨最胜”。该书记载了一大批家厨。

中华人民共和国成立初期，扬州名厨有：丁万谷、张广庆等；在外地的名厨有：北京的李魁南，安徽的方乃根，上海的吕正坤、莫有庚等。

扬州以酒楼茶肆众多而闻名。唐代的时候就是“十里长街市井连”；宋代的时候这里“一市春风酒并垆”；到了清代更是“爱杀城南好风景，万家灯火酒楼齐”。这张图上的许多名店至今仍是生意兴隆、名满天下，比如富春，比如冶春。

店中的菜单，自然少不了蟹粉狮子头、扒烧整猪头、三套鸭、双皮刀鱼、清蒸鲥鱼、春笋鮰鱼、醋熘鳜鱼、清汤鱼圆、清炒虾仁、大煮干丝、文思豆腐、原焖鱼翅、三丁包、蟹黄包、灌汤包、翡翠烧卖、千层油糕、葱油火烧、扬州炒饭。这些都是扬州的名菜名点。

淮扬菜在文化层面上形成了高雅、精致、融和、时尚、养生的基本元素，在技术层面上形成了选料严格、制作精细，注重火候、擅长炖焖，清淡味醇、咸甜适中，造型优美、色泽雅丽的技术风格。

淮扬菜以精工细腻著称，主要体现在刀工上。“文思豆腐”细如发丝，令人不可思议。“葵花狮子头”一刀不斩，“清汤鱼圆”之鱼圆细腻洁白，皆刀工出神入化所致。淮扬菜刀工严谨规范，按手法不同，分为直刀法、劈刀法、斩刀法、批刀法和剞刀法等套路。

淮扬菜入口酥烂，关键在于运用火候。爆炒熘炸，用旺火速成。炖焖煨烧用中小火长时间烹调。淮扬菜有“滑嫩爽脆不失其味，酥烂脱骨不失其形”之美誉。

过去，淮扬菜技艺的传承，大都是父传子、师传徒，手把手地传教，有时甚至秘而不宣。如今，烹饪教育已是扬州很多院校的特色专业。每年从扬州各院校走上社会的大专以上烹饪学员五百多人，中专中技学员一千五百多人。扬州成为全国烹饪教育最为发达的城市。

自古就有穿在杭州、玩在苏州、吃在扬州的佳话。吃，也许就是扬州城最大的魅力和永恒的主题。中国淮扬菜博物馆便是在你垂涎欲滴，却又欲罢不能之际，将“吃在扬州”的内涵，延绵了数千年。

扬州玉器博物馆

玉是一种美丽而坚硬的石头，一万两千多年前我国先民就已经懂得制作和使用玉器，玉在中国不断被赋予各种精神和文化的意义，融合于中华文明的历史长河中，成为一颗璀璨的明珠。

玉不琢，不成器。中国玉器的雕琢技术无疑是世界上最为精湛、优美、迷人的制作工艺，而扬州玉雕又在其中闪烁着绚丽的光彩。

创建于 1956 年的扬州玉器厂，是商务部首批命名的“中华老字号”企业，也是当代扬州玉雕大师云集的地方。为了更好地展示玉雕业的发展历史，系统地保护和延续扬州几千年的玉雕工艺，在扬州玉器厂的基础上成立了扬州玉器博物馆。扬州玉器博物馆位于扬州护城河畔，东临古运河，西邻史公祠，与个园隔河相望。

聪明的古人在很久以前便采用了“切”“磋”“琢”“磨”的办法，来处理一块混沌未开的玉石，使之具有特定的外形，并寓含特定的含义，这就是中国早期的“玉雕”工艺。

扬州地处江淮原始文化所在地，出土的玉器品种相当丰富。龙虬庄遗址出土的玉管、玉环等玉器，将扬州玉雕文化的历史起点，定位在五千三百年以前。

春秋至汉代，古代佩玉体制完善，“君子比德于玉”。玉器不仅作为贵重饰品，而且作为道德、政治特殊概念的形象体现。

自春秋至汉代扬州挖邗沟，开运盐河后，经济繁荣，文化昌盛，成为著名的商贸都会。扬州玉器至秦汉时期已具有相当的规模，汉代墓葬中出土的玉器达数百件。这些玉器造型奇特精致，纹饰细腻，刀工简约，称为“汉八刀”。

所谓“汉八刀”，是汉代独有的玉雕技艺，所雕玉器仅“八刀”即可成形，“刀简意赅”，风格古朴。

博物馆里有一件十分罕见的西汉白玉蝉：其含义不言而喻，材质取自和阗玉，形状扁平，用典型的“汉八刀”手法刻画出蝉的高额、突眼、宽颈、长翅等，线条挺拔，形象写实。从西汉晚期到东汉，这样的玉蝉在殓葬中作为含玉，一度盛行。

宋代的扬州，繁华依旧，扬州玉雕的技艺走向了更高的境界。玉工们不但掌握了镂空技术，而且掌握了链子的制作技巧，也就是后世所称的“链子活”，这是扬州玉雕独具一格的技艺。

同中国古代的帝王一样，清代的乾隆皇帝也非常喜爱玉器，他对玉的偏好，超过了历代帝王。为了满足皇帝对玉的需求，紫禁城在前代已设玉作坊的基础上，又增设了如意馆，两处同时专门为皇帝琢玉。

擅长雕琢大型玉器，是那时扬州玉业的“绝活”。因而产生了名闻遐迩的“乾隆工”“扬州工”。

乾隆年间，扬州玉器艺人为朝廷雕琢巨型玉器持续了 30 余年，现存故宫博物院的《大禹治水图》《秋山行旅图》以及《会昌九老图》等巨型玉器，均出于扬州人之手，被称为玉器之王、中华之最。

扬州雕琢的巨型玉器，气势宏大，风格豪放，在全国独树一帜，标志着清代扬州玉器技艺的最高水平。

玉雕工艺技术是将各种玉石材料加工制作成玉雕工艺品的专门技术。玉石质地坚硬缜密，一般硬度为摩氏 4 ～ 8 度之间，所以它的手工技艺较为复杂，其工艺特点是琢磨，所以史上称为琢玉、碾玉。磨削是玉石加工工艺的基本方法，要求制作者有较高的造型能力、富有创造性的构思能力和较高的艺术素养。

扬州玉雕制作工艺在几千年的传承中，保持了扬州传统文化的地方特色，擅长运用阴线刻、深浅浮、浅浮雕、立体圆雕、镂空雕等多种技法，形成了“浑厚、圆润、儒雅、灵秀、精巧”的基本特征，以及“秀丽典雅、玲珑剔透”的艺术特色，以其独有的艺术魅力著称于世。

今天的扬州雕玉艺师们，全面继承历史上玉雕的优秀技艺，锐意创新，在技艺实践中运用“量料取材，因材施艺”的琢磨工艺规律，结合时代的要求，创作了大批构图新颖、造型优美、做工精致的产品。扬州玉器品种齐全，有人物、器皿、花卉、雀鸟、动物及山籽雕等几大类，其中，尤以“山籽雕”及“链子活”技艺独具一格，显示了扬州玉雕艺人精湛的工艺技法。

展厅里这件扬州山籽雕作品，由优质新疆和田白玉带皮籽料雕琢而成，作品高 14 厘米，宽 18 厘米。山籽雕是扬州玉雕的特色品种，利用玉石天然外形，根据玉石的质、色、皮进行整体构思，赋予故事情节，

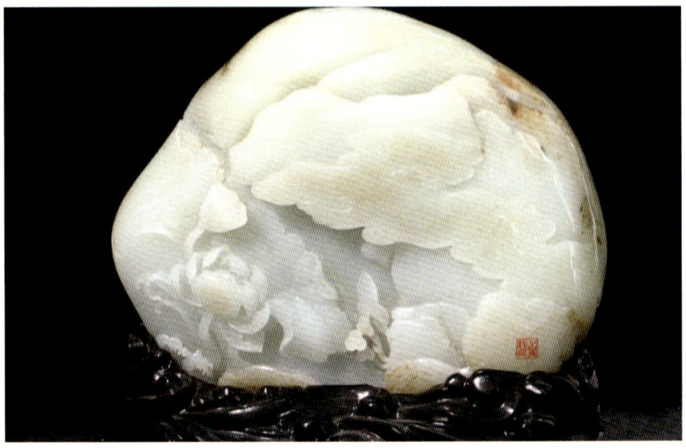

雕琢具有浑朴、圆润的艺术风格和丰富人文内涵的玉雕作品。这件作品保留了籽料天然圆滑的外形，正面两只喜鹊立在硕大的圆月之前，象征着喜庆及团圆，作品下部洁白的荷花和莲叶相衬，象征和美，并具有很强的装饰效果，作品代表的祈福寓意，不断带给观者愉悦之感。

山籽雕讲究因材施艺、量料取材，江苏省工艺美术大师朱士平用这把半成品壶，为我们作了诠释："这件作品是根据材料表面特色来进行构思的。这是东北的老黄玉，虽然档次没有和田玉那么高，但是它有特色，它的两边有'红糖'，红色是我们中国人最喜欢的颜色，是喜庆的颜色。所以通过这个红颜色，在构思的时候就朝喜庆的题材方面进行创作，利用这个红色做鸳鸯的翅膀，显得喜庆。这个壶的造型特色是双壶嘴，两个鸳鸯头代表壶的嘴，一个身，一个把，叫做一生一世在一起。盖上面有蝙蝠，蝙蝠和鸳鸯就寓意它们是幸福的一对。前面有个古钱币，蝙蝠和古钱币在一起，喻义福在眼前，这样就很有文化内涵。"

博物馆展示的这件极具收藏价值的扬州山籽雕作品，就是出自朱大师之手，由上等新疆和田白玉精心雕琢而成。原料高 18 厘米，宽 20 厘米，近 5000 克，玉质洁白细腻、清润莹澄，实属罕见。作品题材高雅、构思巧妙、雕工精湛，将白玉之美发挥到了淋漓尽致，作者在有限的空间内依次雕琢出庭院、假山、花草、荷塘和两位落入凡间的仙女，景物与人物之间紧凑协调且主题突出，各种线条流畅清晰、翻转自如，人物脸型、手型、饰物和飘带，无一不秀美纤细、逼真自然，荷塘中朵朵荷花饱满芬芳，给人以仙境般的自然情境。如此珍贵的天然玉材，配以扬州玉雕大师的良工，实在不可多得。

相传在元代，扬州便出现了"山籽雕"，"山籽雕"是扬州玉雕中独特的技术之一。所谓的"山籽雕"就是根据玉石天生的外观色彩，结合诗词典故，设计合适的山林、人物、动物等题材，施以圆雕、浮雕、镂空雕的技艺。琢制"山籽雕"，要求制作者有较高的造型能力，富有创造性的构思能力和较高的文学艺术修养。这类作品层次分明，意境深远，极具山水画的特色，可以说是立体版的中国画。

沈建元，中国工艺美术大师，他给我们介绍了他的两件山籽雕作品："这件和田玉山籽，创作设计的题材是《读西厢》，红楼梦里林黛玉和贾宝玉在花园里读西厢的一个场景。材质相当不错，和田玉的质地、油分充分地体现出来。设计效果，应该说是我们博物馆里目前馆藏的一件不可多得的作品。山籽是我们扬州玉雕工艺中，在全国有一定影响的品种。扬州的山籽雕有人物，也有专门用于花鸟，或专门用于植物、植被类的。就这件作品而言，它的做工，创作设计的理念，材料的利用，各方面的工艺效果，应该说都是不错的。材料总体的白度也好，细腻度也好，人物与配景之间的衔接，那种相映相衬的感觉，充分展示出和田玉的质地来。"

沈大师又介绍了他的第二件作品："这件大型的碧玉山籽，材料选自于新疆马拉斯，创作的是传统题材《溪

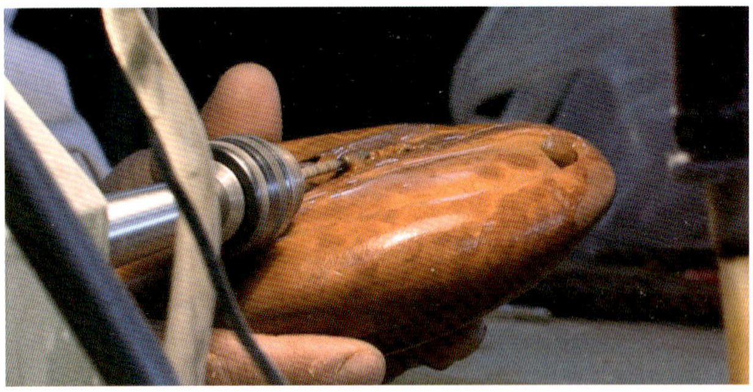

山行旅图》。但是，在传统题材的基础上，我们在构图的方式方法上，要进行大胆的突破，这是我的创作理念。这个作品利用中国画的原理、构图的方式方法，融合玉雕本身的特点，使作品更加生动，仿佛我们已经走进了一种山水画的意境里。我们对材料上的一些“绺”，比如有些杂质或是“脏”的地方，进行了有意识地挖去，把好的‘肉’充分展示出来，这样的构图方式方法，就有了很不错的工艺效果。作为一个玉雕的创作者、设计者，你是大师也好，你是普通工人也好，你必须有一定的文化基础和文学修养，要学习绘画等艺术，要持之以恒，要横得下心，不要急于求成，这样才能创作出好的东西。”

博物馆收藏的这件翡翠白菜，可谓镇馆之宝，创作者是中国工艺美术大师江春源，他介绍说：“这颗翡翠白菜是 1999 年开始设计制作，2004 年的时候完工，完工以后就参加了西湖博览会拿了一个特等奖。这个翡翠它不属于高档的翡翠，属于一般的做摆件的翡翠。原料很重，有几百千克，现在做好后有两百千克左右。当时为什么设计白菜呢？因为我们做玉，首先是要量料取材、因材施艺，这一点是我们做玉的人必备的一个基础。当时看它的石材、它的颜色，如果做炉瓶的话，石材不是太好，炉瓶、器皿件要“一口气”（一样的颜色）。它上面有花，有紫色，也有绿色。做白菜不受任何颜色的限制，有点花也没关系，因为用技巧能把花遮盖掉，当时设计的时候是这样想的。”

江春源大师是国家级非物质文化遗产项目代表性传承人，他从事玉雕事业已有数十载，日复一日，年复一年。江大师不断吸取中国画等同类艺术之长，应用到玉雕的创作之中，形成了自己独特的艺术风格。

江大师又为我们介绍了他的另一件作品：“这件作品凤栖牡丹，是 20 世纪 90 年代创作的，为什么到现在为止，市场上很难见呢？因为这个凤凰是锦鸡头、鸳鸯身、孔雀尾、仙鹤腿，而且每块都是镂空的，制作既耗时，又耗工。”

三足元炉是玉雕器皿中的经典题材， 展柜里展出的是一件三足元炉，造型稳重匀称，端庄大方。制作三足元炉，是炉瓶技术人员的必修课。这只白玉炉由优质新疆和田白玉制成，玉质细腻温润、完美无瑕，炉高 11 厘米，最宽处 18 厘米，内部掏空，炉身含两只大吞头、两个活环、三只足，炉盖含三只小吞头，炉的两只大吞头是用兽头来装饰，“兽”与“寿”谐音，寓意吉祥，三只足大小相等，比例匀称，炉盖上的三只小吞头，用蝙蝠纹作装饰，取其“福”意，炉身、炉盖底子光滑、深度一致、边线挺拔，充分展现了制作人员扎实的玉雕功底。

江大师所设计的花卉、雀鸟、炉瓶、走兽等玉雕作品，生活气息浓厚，造型生动，把诗、书、画融于一体，清新秀美，典雅精致，具有浓厚的“南秀”韵味。

“链子活”是玲珑剔透的扬州工的又一表现技法。扬州玉器的链圈在工艺技法上有独到之处，琢制出来的圈环似黄豆一般，精巧圆润，细腻整齐，圈环并茂，大小由之。

江大师指着这件链瓶对我们说：“扬州的炉瓶，特别是链子活是扬州的一个特色。在全国玉器界做链子活的很多，但是扬州链子活要求链子的长宽匀称、大小比例适中。为什么呢？因为扬州不产玉，所以扬州工要求小巧玲珑。链条能增大整个作品的牌面，可达到小料大做，提高原材料的利用率，也可使作品更美、更精致，从而提高作品的艺术价值和经济价值。成品的链子圈既要不失肉性，又要注意每一节圈的大小一致、厚薄均匀，尤其两链要长短对等、方向一致，切忌大小不一、起伏不平、圈形不规矩及内膛不光滑等现象的出现。”

最后，我们来看这件造型独特的白玉壶，壶高 11 厘米，最宽处达 20 厘米，由优质新疆和田白玉雕琢而成。白玉壶身正面中心盘踞着三条形态各异的螭龙，似正在嬉戏打闹，动态十足，壶身背面光滑平整，没有任何纹饰，简洁古朴而显不凡，两条螭龙跃然于壶盖之上，以一玉链与壶身相连，上下相互呼应，趣味横生，壶嘴精雕一神龙之首，气宇威严。这件白玉龙壶造型从繁复到简单，从活泼到威严，既体现了古代皇家重器之风，又反映出现代玉器审美取向，让人充分领略了扬州玉雕大师的匠心独具。玲珑剔透的链条、遒劲流畅的纹饰，则体现了当今扬州工超高的技艺水平。

扬州玉器体现了民族文化的精髓，融入了中国民俗的情趣，呈现出风格鲜明的地方特色。有人用“人间奇迹”“东方艺术之最”“巧夺天工”“瑰宝荟萃”来形容扬州玉器，扬州玉器博物馆为我们见证了这些美誉之词的真实和永恒。

扬派盆景博物馆

天下西湖，三十有六，惟扬州的西湖，一泓曲水宛如锦带，如飘如拂，时放时收，另有一番清瘦的神韵，使得扬州瘦西湖名扬天下。在瘦西湖万花园的东侧，坐落着一群古色古香的建筑，这儿就是“扬派盆景博物馆”。

国际盆景协会主席托马斯·伊莱亚斯说：“盆景艺术的源头在中国，扬派盆景是中国盆景艺术的五大流派之一，世界闻名。盆景在中国已经有了千年历史，而在国外还不到百年，盆景所蕴藏的文化以及独特的技艺正是我们要学习的。尽管现在盆景已经流行于世界，但我认为最好的盆景艺术始终在中国、在扬州。”

2005 年，扬派盆景博物馆启动了国家级非物质文化遗产的申报工作，2008 年进入了第二批国家级非物质文化遗产名录。2009 年将原来的盆景博物馆移到瘦西湖万花园景区内，在面积上扩大了两倍多，占地 40 余亩，建筑面积 3200 多平方米，室外景墙 300 多米，现有藏品 500 多件，在数量上、在展示的环境方面得到了大大的提升。现在的扬派盆景博物馆四周平冈曲阜，石壁流淙；佳木名卉，群芳争艳；亭台楼阁、移步换景。2013 年成功举办了世界盆景大会，进一步扩大了扬派盆景在世界上的知名度和影响力。

扬派盆景博物馆分为室内展示区、室外展示区和制作养护区三个部分，并设有盆景大讲堂、大师工作室、盆景研究所等场所机构。2013 年，为隆重举办国际盆景大会暨国际盆景协会 50 周年庆典，博物馆专门建设了盆景岛，邀请 44 个国家和地区的 500 多名嘉宾参会，13 位国际著名盆景大师、赏石专家、陶艺大师现场技艺表演，引来了数万名中外盆景爱好者和游客前来参观。作为扬派盆景技艺的保护单位，扬派盆景博物馆集收藏、展示、普及、研究等功能为一体。流连于博物馆，古代遗存与现代精品交相辉映，环境景观与艺术展示相得益彰，给人以美的享受。

进入到室内展示区，活色生香的盆景，千姿百态的古盆，古色古香的几架，诉说着盆景艺术的前世今生和完整风貌。盆景创始于中国，历史悠久，源远流长。我国当代盆景理论的带头人徐晓白教授提出："中国盆景滥觞于汉晋，形成于唐，发展于宋元，兴盛于明清，近代一度衰落，今又复兴。"这个观点得到盆景界的普遍认同。

据考古发现，河北望都东汉墓道壁画上绘有盆栽花卉，可认为是盆景的雏形。陕西乾陵唐章怀太子墓中侍女托盆景的壁画，可以看出初唐时期中国已形成盆景。宋代绘画艺术的空前发展，也促进了盆景艺术的提高，无论是宫廷还是民间，以盆景作为观赏已蔚然成风。也就是在南宋时期，中国盆景传到了日本，开始走向世界。

到了明清，中国盆景已经形成多种艺术风格，技艺更趋成熟，达到鼎盛，清末以后一度衰落，直到 1979 年后，开始了全面的复兴。三十多年来，先后参加了欧、亚、美十几个国家和地区举办的展览和会议，把中国盆景艺术推向了国际舞台的中央。

据考证，中国的盆景在初唐的时期已经形成。而扬州的盆景，从唐代开始流行，到宋代以后开始有树木盆景、山水盆景，之后盆景的造型越来越多，树种也越来越多，到清代的时候，从《扬州画舫录》的记载，可以看到当时的盆景非常盛行，可以说，有条件的家庭，都养了盆景。宋代的苏东坡在扬州当太守的时候，写过一首《双石诗》，描写的就是盆景。还有很多扬州的画家，他们的绘画上，也有很多的盆景。

中国幅员辽阔，由于地域环境和自然条件的差异，中国盆景自形成以来，流派较多。就传统的五大流派而言又分为南、北两大派，南派是以广州为代表的岭南派，北派包括长江流域的川派、扬派、苏派、海派等。

扬派盆景的起源与发展几乎与中国盆景同步，是中国盆景的先驱和重要组成部分，从明代开始就形成了特色鲜明的"扬派盆景"。在清代的时候，扬州盆景得到进一步发展，一方面得益于文人。很多文人画家都是盆景爱好者，他们把扬州的文化，注入盆景里面，提高了扬州盆景的品位。另外一方面，又得益于扬州的盐商。很多盐商家里养着盆景，而且他们专门雇了盆景工人，为他们制作盆景。长此以往，在盆景的技艺上越来越精致，这是扬派盆景重要的特点。同时作为扬州的盆景，从艺术风格方面来讲，和扬州的地方文化是一致的，受到南方的影响，也受到北方的影响，雄秀兼备。

盆景艺术，是指以树木、山石等为素材，经过艺术处理和精心培育，以盆栽形式集中再现自然风貌的一种传统美术形式。它于树石、盆盎、几架三位一体，源于自然，高于自然，是自然美与艺术美的有机结合，是人们对大自然的直观再现。

扬州的盆景分为自然色和规则色两类。自然色就像画家画树木一样，按照它自然的形态，进行艺术的加工做成的，像扬州的山水盆景、水旱盆景、树木盆景等，都是自然色盆景。规则色盆景有固定的加工规则，比如说用棕丝把枝扎成细密的弯曲，细密的程度很高，最密的地方达到了一寸三弯。当然并不是说一寸一定要有三个弯，只是这么一个说法。总的来讲，技艺非常的精细，最后把树木扎成一种片状，像高山上的松树的形态，我们叫它云片。这是一种规则色盆景的技法。另外，

扬州还有山水盆景，用石头在盆里表现自然界山水景观的盆景。除此而外，还有一种有山水有树木的盆景，现在叫水旱盆景。

与世界其他国家的盆景不同，中国盆景更注重于诗情画意，与中国画的美学渊源一脉相承，它是艺术和技术的结合，也是技艺与文化的结合，技艺赋予其形，文化赋予其魂。它融“诗、书、画、技”于一体，其飘逸、清秀、古雅、写意、端庄、大气，具有极强的装饰性和深远的意境，被誉为无声的画、立体的诗。

以“扬州八怪”为代表的“扬州画派”，崇尚删繁削冗、标新立异，追求写意而不是写实。画树讲究“枝无寸直”，扬州画派的许多书画理论为扬派盆景提供了美学借鉴，两者相互借鉴，异曲同工，如出一辙。“扬州八怪”的许多画作直接以盆景为对象，如黄慎的《梅桩盆景图轴》、李鱓的《松萱桂兰图》，再到郑板桥的《盆梅》，都能看到扬派盆景的鲜明轨迹。

扬派盆景应用“枝无寸直”的画理，讲究品位，层次分明，严整平稳，一寸三弯，状如云片，使之成为中国盆景“五大流派”中的杰出代表，这也是扬派盆景区别于其他各派盆景的最显著特征。扬派盆景拥有的人文价值、艺术价值、文物价值、园艺价值以及实用价值，以其鲜明的民族特色、古雅的艺术风格而享誉世界。

“一花一世界，一叶一菩提”。中国盆景“五大流派”之中，扬派盆景应该是其中融诗、书、画、技为一体的佼佼者。创作扬派盆景需要创作者具有较高的文化艺术素养、精湛的剪扎养护技艺，还得经过长期的艺术实践。盆中的一山一水、一草一木都凝聚着作者的思想感情、审美情趣和人生感悟，使观者能触景生情，从有限的景物中产生无限的联想，领略到景外的意境。

扬派盆景借鉴了扬州画派的创作手法，突出扬派盆景的独特风格，体现出诗一样的意境，却又不脱离和违背植物生长的形态特征和自然规律。

扬派盆景以“棕丝精扎细剪”为核心技艺，特别讲究功力深厚和自幼培植，遵守“桩必古老，以久为贵；片必平整，以功为贵”的品评标准和“层次分明、严整平稳”的独创风格。创作时须先确立主体景物，采用对比和烘托手法，使主体突出，主次分清。其原则是：造型布局，虚实结合；景物安排，疏密得当；盆中景物，动静相衬；体量色彩，轻重均衡；景物造型，对比鲜明；露中有藏，耐人寻味；刚柔相济，形神兼备。

扬派盆景以观叶类的松、柏、榆和瓜子黄杨为代表树种，多以高山上的松姿为表现题材，在树木造型上最为显著的特点就是“云片”。

云片是用棕丝剪扎法，将枝叶修剪成平整的薄片，一般顶片的形状为圆形，中下片多为掌形。云片的大小和多寡均视树形和植株大小而定。云片中的每根枝条一般都扎成很细密的蛇形弯曲，最密者每寸枝内达到三弯，且“叶叶俱平而仰”，平行而列，称之为“一寸三弯”。

要将枝叶扎成上述的云片，极不容易，一般要经过多年的加工培养才能成型，成型以后，每年还要复片1～2次。扬派盆景中与云片相应的树木主干大多扎成螺旋弯曲状，势如游龙，变化多端，给人以曲线美，惯称游龙弯。扎成的云片都放在弯曲的凸出面上，与弯曲的主干形成鲜明对比，显示出树木的苍古与清秀。

树木盆景的传统造型方式有游龙式、疙瘩式、挂口式、过桥式、巧云式、卧干式、提根式以及提篮式、顺风式等。

扬派盆景剪扎技艺最常用的有套棕、连棕、平棕、撇棕 4 种棕法，还有杨棕、底棕、挥棕、绊棕、吊棕、下棕等共 11 种棕法。所谓棕法，是指将棕榈纤维扣系在植物不同部位，以便将枝条剪扎成需要的造型。剪扎的技术要求很高，故称为“精扎细剪”，一般剪扎技师集毕生之经验，未必悟其精髓。

扬派盆景博物馆现存一批古代遗存的扬派盆景，它们是活的文物，虽历经几百年的变迁，至今仍保持着当初生机盎然的形态，这离不开运用扬派盆景技艺进行养护管理和再创作，这在人类艺术史上也是独一无二的。

盆景是立体的画，但是盆景和真正的绘画比起来，又是不同的。一幅画它永远不会变的，但是盆景它每年都在变，每天都在变，所以盆景的维护就必须要掌握盆景造型的技艺，才能把它维护好。一个不懂盆景的人，买了一个盆景回去放在家里，现在是很好，但是三个月后，上面长出很多新枝来，最后就变得完全不同于开始创作的形象了。所以盆景的养护管理，也是一个很重要的方面，也是盆景技艺的一个不可分割的部分。

扬派盆景艺术对古盆景的再创作堪称绝活。清代黄扬盆景《腾云》，可谓是典型的扬派盆景代表作。它距今已有 300 多年历史，至今仍生机勃勃，清秀壮观。这离不开盆景大师们的精心呵护，凝聚着好几代艺人的毕生心血。它以高山松为摹本，采用棕丝精扎细剪而成，其“云片”中的小枝达到“一寸三弯”，显示了传统扬派盆景的深厚功力，成为扬派盆景博物馆的镇馆之宝。该作品 1989 年荣获第二届中国盆景评比展览金奖，1990 年获日本大阪国际园艺博览会金奖。

养护管理，主要是浇水、施肥、防治病虫害，过几年给盆景换一次土，假如盆子嫌小，换大一点的盆，这是最基本的工作。实际上除了这些以外，还有一项重要的工作，那就是它的造型管理。什么叫造型管理，就是要把一棵树最初的创作形态保持下去。比如一棵树，它在不断的生长，新长出来的枝叶，要剪掉一部分，当然也要保留一部分，和以前最初的造型，可能会有一些小的变化，但是大的方面不可以改变。可以让这棵树越来越成熟，它的枝叶越来越丰满，但是不能让这棵树的基本造型、基本结构有所改变。

当代扬派盆景在继承传统的基础上，呈多元化发展态势。传统形式的扬派树木盆景代表作《巧云》《腾云》《行云》《碧云》《彩云》《苍龙出谷》等均在中国盆景评比展览中获得一等奖。另外，在传统基础上创新的扬派水旱盆景代表作《八骏图》《饮马图》《垂钓图》《古木清池》等也同获国家级盆景艺术评比金奖，其中《古木清池》采用水旱盆景的形式，获得 1999 年昆明世界园艺博览会大奖和第四届中国盆景评比展览一等奖。

水旱盆景，是扬派盆景博物馆里的一个重要形式。水旱盆景是既有水面、又有旱地，因此称为水旱盆景。其艺术特色是既有树木，又有山石，还有水面。在水旱盆景里，树木占有一定的比重，而且树木的形态要求都比较高，水面不像山水盆景那样开阔，或者说水旱盆景相当于山水盆景里面的一部分，一个优美的角落。《饮马图》作为水旱盆景的代表作，以清池饮马为题材，表现了勃勃生机而又恬静如画的春日郊园风景，获 1997 年第四届中国花卉博览会金奖和第八届亚太地区盆景赏石展盆景佳作奖。

多年来，扬州的盆景大师们著书立说，《盆景》《中国盆景》《中国扬派盆景》《中国盆景艺术大观》《中国盆景制作技艺》《中国盆景造型艺术分析》《水旱盆景》等一大批专著的问世，极大地推动了扬派盆景艺术的传承、创新与发展。

“以少胜多，瑶草琪花荣四季；即小观大，方丈蓬莱见一斑。”盆景是无声的诗、立体的画，盆景更是生命的雕塑、活的艺术品。小小的一件盆景，把大自然的野趣和神韵都浓缩在咫尺之间，寓景于情，情景交融，景有尽而意无穷，纵使身困闹市，亦可怡情山水，神驰千里。这，也许是盆景艺术长盛不衰、越来越受到人们青睐的原因吧！

镇江中国醋文化博物馆

《中国医药大典》记载“醋产浙江，杭绍为最佳，实则以江苏镇江为最”，酸中微甜的特色使镇江的香醋位列中国四大名醋之一。镇江香醋既是镇江人居家过日子不可缺少的调味料，也是镇江人难以割舍的一种情结。寻常百姓家餐餐离不开，酒楼餐馆中顿顿不能少。醋，对于镇江人来说，既是一味佐料，更是一种文化。或许，一种味道也能够成为一个城市的记忆。

镇江中国醋文化博物馆坐落在江苏镇江恒顺工业园区内，占地面积六万多平方米，建筑面积五万多平方米，是国内首个主题醋文化博物馆，也是江苏省第一家工业旅游类国家 4A 级旅游景区，2014 年青奥会期间成为指定接待景点。目前，镇江中国醋文化博物馆已经和金山、焦山、北固山、西津渡遗址一起，成为“三山一醋一渡”的镇江旅游名片。

在博物馆门口处，用七个圆形洋铁皮写上“镇江恒顺酱醋厂”作为标牌的恒顺的老厂门，是 20 世纪 70 年代中山路上的标志建筑，建馆时，恒顺人把它复制放大，用以纪念当初为恒顺的发展做出贡献的人们。

天下第一坛，又名九龙坛。高 4.8 米，直径达 2.4 米，是国内容积最大的陶瓷醋坛，并且创下了世界吉尼斯纪录，攀缘在醋坛上的九条龙象征着民族工业的昌盛繁荣和华夏文明的绵延不绝。

镇江中国醋文化博物馆由醋史馆、文化长廊、老作坊、现代工艺馆、陈列馆和体验馆六个部分组成。

醋史馆，主要介绍镇江醋、中国醋的历史渊源和发展历程。醋的味道独特而持久，它的历史可以追溯千

余年。《辞海》中对“醋”的解释是：具有酸味的液体调料，由多种粮食发酵酿制而成。英国著名学者李约瑟在《中国科学技术史》中写道：“种种迹象表明，大约从公元前 6 世纪开始，一种赋予食品酸味的人工调味料已经为中国人所知。在周代后期和汉代，醋已有几种不同的叫法，但是它主要是一种形态的醋，即由谷物酿酒进一步加工制得。”

北魏时期杰出的农学家贾思勰在《齐民要术》中，详尽地介绍了制醋的二十四种方法，使得《齐民要术》成为中国第一部全面记载制醋工艺的古代文献。同一时期，著名医药学家陶弘景的《神农本草经注》中记载了镇江米醋的入药用法，足以证明镇江香醋已有了 1400 多年的历史。

宋代时，工商业非常发达，食醋之风很是兴盛，民间已经出现了专门经营醋的商店，在张择端的《清明上河图》中，就画有挂着醋幌子卖醋的坊店。

中餐里的酸味大多由醋带来，中国人用谷物酿醋，由于原料和工艺的不同，各地的醋口味也会相差甚远。山西老陈醋，口味浓郁，一如北方人的豪放。而江南人的灵秀则赋予醋以另一种性格，在镇江人的心目中，谈起令他们骄傲自豪的醋，却总和“恒顺香醋”分不开来。

曹德璋先生就在《行走的醋香》一文中回忆道：“打从儿时起，我先是随着大人，后来则是一个人过街穿巷，到坐落于大西路繁华地段的恒顺老店，买醋，打酱油，捧回干荷叶包的下饭小菜，究竟进进出出过多少次，自然记不清了，但老恒顺宽敞的店堂、长长的柜台、生意的忙碌，至今宛在眼前。只要说到香醋，妇孺老幼仍会不约而同地，将目光聚拢于恒顺这个老字号，诱人的醋香依然时时飘动在我们这座古城的大街小巷，萦绕于家家户户的灶间餐桌。”

清道光年间，丹徒人朱兆怀创建了“朱恒顺糟淋坊”酿造销售百花酒。1850 年，酿制“镇江香醋”。1899 年 5 月，恒顺第二代老板朱长源缴纳了 80 两银子，申领了新执照。这是恒顺保存至今最早的纸质历史资料，也是全国百年老字号企业中极其罕见的实物资料。

“恒顺”二字出自佛教普贤菩萨的第九愿，即“恒顺众生愿”，意思是永远顺遂芸芸众生的善性需求。20 世纪 30 年代，镇江名绅苏涧宽氏，为贺恒顺店庆，赠嵌字联一对：“恒产恒心恒发展，顺情顺理顺财源。”语出《孟子 · 梁惠王上》：“无恒产而有恒心者，惟士为能。若民，则无恒产，因无恒心。”

1889 年《丹徒县志》对镇江醋有介绍：“京口（今镇江）黑醋味极香美，四方争来货之”，确证了镇江恒顺香醋已声誉远扬。镇江香醋历经千年而长盛不衰，究其原因，一是得天独厚的地理环境，二是独特精湛的酿制工艺。

江南自古就是水草丰茂的鱼米之乡，气候温暖湿润，农副产品优质丰富，为酿醋提供了基本的原料条件。镇江位于京杭大运河和长江的交汇之处，是靠着摆渡和航运而生的渡口城市。西津古渡全长 1000 米，始建于六朝时期。西津渡历经唐宋元明清五个朝代，因此，随处可觅六朝至清代的历史踪迹。清代晚期，恒顺出产的“百花酒”“香醋”等产品就是从西津渡装船销往沿江甚至南洋各地的。

镇江恒顺香醋的生产采用的是特殊的“固态分层发酵”工艺，该工艺于 2006 年被国务院列入首批“国家级非物质文化遗产保护名录”。这项技艺凝聚了镇江一千多年酿醋的精髓，代表了中国南方酿醋技术的传统特色和最高水平，具有极高的历史、文化和社会价值。

镇江醋以“酸而不涩，香而微甜，色浓味鲜”而享誉海内外。其中，“香”无疑是它的最大亮点，所以镇江醋又名“镇江香醋”。

要获得如此美味的酸，必须要经历平静漫长的等待。酿醋先要酿酒，醋在周朝以前称“酰”，汉代称“酢”，又称为苦酒。宋朝以后，“酢”演变为“醋”。“酒”“酰”“酢”“醋”字都从“酉”，这也从字面上表明了醋是从酒而来。至今，镇江民间仍流传着酒圣杜康之子黑塔，在梦中受仙人指点利用酒糟造醋的传说。

镇江香醋的原料是当地产的优质糯米，颗粒饱满、洁白浑圆，支链淀粉含量高。首先将糯米洗净、加水浸泡，经高温蒸煮，使淀粉充分黏稠，再用凉水冲淋降温，让饭粒收缩，有利于微生物的繁殖，拌入酒曲，使淀粉糖化，发酵成酒醅。

接下来是制醋的关键工序：醋酸发酵，这决定了香醋的产量和质量。镇江恒顺香醋采用耗时长、劳动强度大、控制难的“固态分层发酵”工艺，在酒液中加入麸皮、稻糠拌成固态，在适宜的温度时放下恒顺自己筛选出的独特的醋酸菌种，并每天翻动一次进行透氧、降温。

“翻醅”是曹师傅和徒弟每天都要做的工作。醋酸菌种在发酵的过程中会产生大量的热量，热量累积得过多会不利于菌种继续地生长繁殖，翻动醋醅，在给菌种提供氧气的同时，也能够降低醅料的温度。现在，虽然温度计能够帮助我们随时了解缸内的温度，有经验的老师傅却能够通过“手抓鼻子闻”来大致判断缸内醅料的温度和发酵的程度。

历经 21 天的演化，酸味便产生了。汉字是象形和写意兼备的古老文字，“醋”字的形成和演变，也凝

聚着先人的智慧和经验。“醋”字由左边的“酉”和右边的“昔”组成，而“昔”可以进一步拆分为“廿”“一”和“日”，表明由酒变成醋需要 21 天。

醋的制取主要有酿酒、制醅和淋醋三大过程，淋醋时要将成熟的醋醅进行封存，加入到淋醋缸内，添入恒顺自制米色，加水浸泡，放淋出生醋。

酒要阴，醋喜阳。生醋煎煮后在陶罐中露天存放，少则半年，最长达八年之久。密封储存的醋经历风吹、日晒、雨淋，脂香突出，醋香浓郁，酸味柔和。醋的酿造在时间的沉淀中收获了更加醇香的酸甜味道，百余年来，它低调却永恒地佐食着百姓的日常生活，让人们在品味着醋的同时，咀嚼着人生。

千年来，中国制醋一直是用传统的手工酿制的方法，即“芦席盖大缸，扁担加箩筐”。酿醋的秘方也大多是口手相传，世代相袭，并无多大改变。这样一种作坊式的生产方式虽然简陋，却是一种原生态的酿造方法，非常环保，它保证了原料的鲜活、味道的纯正，也能使中华民族的醋文化无所更改地保留和传承下来。

从酿酒、翻醋醅、淋醋、晒醋陈酿，总共需要经过大大小小四十多道工序，木舀、竹耙、木桶、扁担、箩筐、大缸是主要的生产工具。为适应工业化生产的需要，这些传统的酿醋器具已经逐步退出历史舞台，成为老一代酿醋人的美好记忆。

古色古香的老作坊再现了恒顺香醋的传统酿制场景，同时，为了能让游客对醋有更加完整的认识，镇江中国醋文化博物馆还开辟了现代工艺馆，展示恒顺香醋的机械化生产工艺。在这里，淋醋池代替了生醋沉淀缸、自动翻醅机取代了人工翻醅。

镇江有“三怪”，即“香醋摆不坏，肴肉不当菜，面锅里煮锅盖”，镇江香醋不仅不会变质，而且存放时间越久，口味越香醇。

著名医学家李时珍在《本草纲目》中指出，醋能“消痈肿、散水气、杀邪毒、理诸药”。据日本一项有关食醋类的研究指出，镇江醋有较高的氨基酸含量，有助于消除疲劳，帮助消化，延缓衰老，美容养颜，降低糖尿病、心血管疾病的发生概率。在体验区，镇江中国醋文化博物馆特设了“中药店”，游客们可以根据自己的需要，很方便地从柜子中选取想要的醋处方。

鉴于醋的多种保健作用，恒顺还开发了果味醋、醋胶囊等多种醋的衍生产品，现在的恒顺香醋已不仅仅是餐桌灶间的调味品，还是人们健康养生的食疗产品。

从口味多样的果味醋到营养丰富的保健醋，老字号传承的背后，依然聆听了时代的声音，或许在所有的老味道中，变，也是不变的元素。百年的恒顺醋，糅杂着时间的沉淀，酿醋人的情感和生活的滋味，虽然它一直低调地坚守在故土，但它不只是镇江人口中的老味道，同样是江南的老味道。